U0894817

教育部人文社科重点研究基地重大项目：
长江上游地区城乡统筹发展研究（16JJD790064）

李斌 李辉 等著

都市区发展边界与生态区土地利用研究
——以重庆市为例

DUSHIQU FAZHAN BIANJIE
YU SHENGTAIQU TUDI LIYONG YANJIU
——YI CHONGQINGSHI WEILI

中国财经出版传媒集团

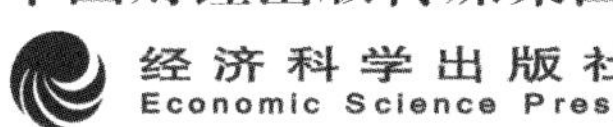

图书在版编目（CIP）数据

都市区发展边界与生态区土地利用研究：以重庆市为例／李斌等著．—北京：经济科学出版社，2020.10
ISBN 978－7－5218－2029－4

Ⅰ.①都…　Ⅱ.①李…　Ⅲ.①城市发展－研究－重庆②城市土地－土地利用－研究－重庆　Ⅳ.①F299.277.19

中国版本图书馆 CIP 数据核字（2020）第 209818 号

责任编辑：杜　鹏　常家凤
责任校对：齐　杰
责任印制：王世伟

都市区发展边界与生态区土地利用研究
——以重庆市为例
李斌　李辉　等著
经济科学出版社出版、发行　新华书店经销
社址：北京市海淀区阜成路甲 28 号　邮编：100142
编辑部电话：010－88191441　发行部电话：010－88191522
网址：www.esp.com.cn
电子邮件：esp_bj@163.com
天猫网店：经济科学出版社旗舰店
网址：http://jjkxcbs.tmall.com
固安华明印业有限公司印装
710×1000　16 开　12 印张　210000 字
2021 年 5 月第 1 版　2021 年 5 月第 1 次印刷
ISBN 978－7－5218－2029－4　定价：59.00 元
（图书出现印装问题，本社负责调换。电话：010－88191510）

前　　言

高质量发展是习近平新时代中国特色社会主义经济思想的核心和灵魂。习近平总书记在党的十九大报告中指出："我国经济已由高速增长阶段转向高质量发展阶段。"这是根据国际国内环境变化，特别是我国发展条件和发展阶段变化做出的重大判断。2017 年 12 月召开的中央经济工作会议也做出了推动高质量发展是当前和今后一个时期确定发展思路、制定经济政策、实施宏观调控的根本要求的指示。随着我国发展进入新时代，发展理念要变革，发展方式要变革，发展举措要变革，但遵循人地关系理论，发展最终都要依托国土空间，转型期必然对国土空间优化提出相应需求。基于此，2019 年 5 月，《中共中央国务院关于建立国土空间规划体系并监督实施的若干意见》中指出："全面提升国土空间治理体系和治理能力现代化水平，基本形成生产空间集约高效、生活空间宜居适度、生态空间山清水秀，安全和谐、富有竞争力和可持续发展的国土空间格局。"因此，国土空间格局优化已成为当前地理学和生态学的研究热点。

都市区和生态区作为区域生产空间、生活空间和生态空间，是区域国土空间优化的主体。一方面，都市区作为区域人口、经济、社会的高度集聚区和区域发展核心，面对城镇化和诸多城市问题。因此，都市区既要节约集约和挖掘存量空间，更要通过协同和融合周边地区，优化发展空间，其主要途径是都市区发展边界的确定，避免都市区无序扩张，实现发展空间的科学疏导。都市区发展边界主要是指都市区中心与周边区域一体化发展的边界，但其更多聚焦在都市区与周边区县的空间联系、产业融合、空间拓展等方面，反映了与周边区域融合发展的可能性。都市区发展边界既要约束城市的无序扩张，也必须满足城市的正常发展需求，在划定时要综合考虑宜居、产业、交通、农地、生态环境等因素，生态红线、永久基本农田红线、土地利用总体规划、城乡规划和主体功能区规划中禁止建设边界和限制建设边界。另一方面，生态区作为承载区域人口、经济、社会发展的生态本底和生态基础设施，是区域生态文明建设的重要载体，也是区域产业结构转型、支撑高质量发展的重要基础。《全国主体功能区规划（2010）》明确提出，“重要的生态功能区保护关系到较大区域甚至全国的生态安全”；十八届三中全会、四中全会和五中全会明确提出，“要建立生态文明制度体系，划定生态保护红线，推进主体功能区建设，实施和坚持绿色发展之路，充分体现主体功能区作为国土空间开发利用和保护作用。”而在实现生态功能区保护目标的同时，也要保证社会、经济的可持续发展，这就要求必须形成与生态区相匹配的土地利用模式。

本书以重庆市为例。重庆市作为我国重要的中心城市之一，地处长江经济带和三峡库区，对经济、生态和区域定位提出了更高的要求。在加快推进“两点、两高、两地和三个作用”“成渝地区双城经济圈”“一区两群”“不搞大开发，共抓大保护”等区域发展战略过程中，重庆都市区如何发挥优势、彰显特色、协同发展，增强中心城市综合承载能力，建设具有国际影响力和竞争力的现代化都市区，其重要路径是提升都市区的竞争力，加快都市区空间优化和一体化发展，统筹优化主城区、渝西地区功能定位和资源配置。同时，《全国生态功能划分》中提出，渝东北和渝东南拥有对国家生态安全有着重要作用的水源涵养重要生态功能区和生物多样性保护重要生态功能区。因此，不管在国家战略层面还是在区域经济层面，有必要在未来一段时间内加强重庆市都市区和生态区国土空间优化和利用研究。这正是本书要从理论和实践上探讨的重点问题。

全书分为两篇。第 1 篇“都市区发展边界研究”分为七章内容，第 1 章、第 2 章主要阐述研究的背景、意义、目前国内外相关理论研究和实践进展；第 3 章主要阐述相关的基础理论；第 4 章至第 7 章以重庆市为例进行实证研究。

第 2 篇“生态区土地利用研究”分为七章内容。第 8 章、第 9 章主要阐述研究的背景、意义、国内外相关理论研究进展和典型生态区土地利用模式；第 10 章主要阐述相关的基础理论；第 11 章至第 14 章以重庆市为例进行实证研究。

本书编写组在 2017 年就已经开始积极筹备本书的编写和出版等工作，在此期间，重庆工商大学的王兆林教授、赵伟副教授、石永明讲师和范春副教授等老师在筹划、调研和撰写过程中承担了部分工作，同时得到重庆工商大学公共管理学院国土与城乡规划系所有老师的大力支持。特此致谢。

本书承教育部人文社会科学重点研究基地重庆工商大学长江上游经济研究中心长江上游地区城乡统筹发展创新研究（智库）团队（CJSYTD201704）和

“三峡库区百万移民安稳致富国家战略”服务国家特殊需求博士人才培养项目共同资助出版。

本书编写过程中，参考了国内外诸多研究成果，在此一并致谢。由于著者理论水平和实践工作经验有限，书中难免存在不足和缺陷，恳请同行和广大读者批评指正。

李　斌

2020年7月于重庆南山书院

目　录

第1篇　都市区发展边界研究

第2篇 生态区土地利用研究

都市区发展边界研究

第1章 绪　论

20 世纪 90 年代，有学者将都市区的概念引入我国，目前常用的定义是：由区域中的一个或多个中心城市主导下，与其保持密切社会经济联系的不同等级的城镇组成的呈现出相互协调分工发展的、具有一体化发展倾向的层级式结构的区域。这对于城市经济、空间和区域协同发展等具有较强的指导意义。在实践对象上，部分学者主要对长三角城市群、珠三角城市群和京津冀城市群的形成机制、空间优化及其一体化发展开展研究并形成了诸多研究成果。作为区域发展中的极核，城市的一体化发展可以加快区域之间的信息、技术、人才等生产要素的高效流动，有效推进区域合作与分工。因此，建设具有空间体系完善、经济富有活力、职能分工明确的区域性一体化的都市群，已逐渐成为城市发展的主流趋势。

城市一体化发展是提升城市能级和核心竞争力的重要途径，也是不断提高社会主义现代化大都市治理能力和治理水平的重要手段。在区域经济发展一体化背景下，城市一体化发展是当前城市发展的主要趋势，特别是在空间地域上，实现城市空间一体化是扩大都市群辐射的重要路径，同时也是划分都市群发展边界的重要依据。本书以重庆都市区发展边界为例进行研究，具有较强典型性和研究价值。未来的重庆都市区是以目前的都市区（主城区）为核心，不断向渝西地区扩展而共同构成的城市区域，是重庆建设国家级中心城市的功能载体，是国家“两横三纵”城镇化战略格局中成渝城市群的重要组成部分。在加快推进“两点、两高、两地和三个作用”“成渝地区双城经济圈”“一区两群”等区域发展战略过程中，重庆都市区发挥优势、彰显特色、协同发展，增强中心城市综合承载能力，建设具有国际影响力和竞争力的现代化都市区，其重要路径即提升都市区的竞争力，加快都市区空间优化和一体化发展，统筹优化都市区、渝西地区功能定位和资源配置，促进引导人口、产业、重大基础设施等合理布局，推动都市区整体融为一体发展。

1.1 研究背景及研究意义

1.1.1 研究背景

（1）落实党的十九大新时代思想的基本要求。党的十九大在全面建成小康社会决胜阶段根据我国经济社会发展实际和新的阶段性特征，在党的十七大、十八大确立的战略目标基础上，提出新目标、新任务、新路径，以确保到2035年和21世纪中叶实现各项宏伟目标。在此背景下，城市作为社会经济发展的重要载体，城市规划和建设要紧紧围绕全面落实十九大新时代城市工作的要求，坚持以人为中心，推动城市发展由外延扩张式向内涵提升式转变；落实践行新发展理念，创新协调绿色开放共享；实现人与自然和谐共生、建设宜居城市；保护传承历史文化、延续城市特色、塑造城市精神；参与城市治理全过程，提高城市治理能力和现代化水平。总之，要着力增强城市整体性、系统性、生长性，不断提高城市承载力、宜居性、包容性。城市发展边界研究是实现城市空间布局优化、城市发展由外延扩张式向内涵提升式转变、城市腹地统筹协调发展、生态保护和文化传承的重要路径，是实现新时代城市经济、社会、生态可持续发展的基本前提。

（2）统筹推进生态文明建设的基本要求。党的十九大报告指出，“建设生态文明是中华民族永续发展的千年大计”“统筹山水林田湖草系统治理，实行最严格的生态环境保护制度，形成绿色发展方式和生活方式，坚定走生产发展、生活富裕、生态良好的文明发展道路”。党的十八大报告多次提到“生态文明”建设，并指出“面对资源约束趋紧、环境污染严重、生态系统退化的严峻形势，必须树立尊重自然、顺应自然、保护自然的生态文明理念，把生态文明建设放在突出地位”。而在新型城镇化进程中，生态建设仍是重中之重，正如学界所提出的“新型城镇化，生态要优先”。2016年1月，习近平在重庆考察时指出，长江拥有独特的生态系统，是我国重要的生态宝库，当前和今后相当长一个时期，要把修复长江生态环境摆在压倒性位置，共抓大保护，不搞大开发。同时，国土资源部要求各地严格遵守土地利用总体规划，严守城乡建设用地规模边界，防止城镇建设无序蔓延扩张，并强调“不得以任何名义改变土地利用总体规划确定的用地规模、结构和布局安排”。进行城市发展边界研究，要注重城市空间扩展中“三生空间”的优化布局。

（3）实施新型城镇化发展战略的要求。2014 年 3 月 16 日，《国家新型城镇化规划（2014—2020 年）》公布。2014 年 12 月 29 日，国家新型城镇化综合试点名单正式公布。新型城镇化是以城乡统筹、城乡一体、产城互动、节约集约、生态宜居、和谐发展为基本特征的城镇化，是大中小城市、小城镇、新型农村社区协调发展、互促共进的城镇化。新型城镇化对于保持经济持续健康发展，加快产业结构转型升级、解决农业农村农民问题、推动区域协调发展有着重要意义。随着新型城镇化的实施，重庆都市区的发展需要改变传统粗放式、摊大饼式的空间扩展模式，应以现代产业体系构建、五位一体协同发展、城乡一体良性互动、资源节约集约为出发点，科学设置都市区城乡一体化的范围和发展边界。

（4）实施新的国土空间规划体系的要求。2019 年 5 月，中共中央、国务院发布的《关于建立国土空间规划体系并监督实施的若干意见》指出，建立国土空间规划体系并监督实施，将主体功能区规划、土地利用规划、城乡规划等空间规划融合为统一的国土空间规划，实现“多规合一”。通过构建国土空间规划体系全面提升国土空间治理体系和治理能力现代化水平，转变国土空间开发保护方式，提升国土空间开发保护质量和效率，坚持山水林田湖草生命共同体理念，加强生态环境分区管治，保护生态屏障，构建生态廊道和生态网络，推进生态系统保护和修复。坚持城乡融合，优化国土空间结构和布局，统筹地上地下空间综合利用，着力完善交通、水利等基础设施和公共服务设施，延续历史文脉，加强风貌管控，突出地域特色。到 2035 年，基本形成生产空间集约高效、生活空间宜居适度、生态空间山清水秀，安全和谐、富有竞争力和可持续发展的国土空间格局。都市区发展边界研究是促进城市一体化发展，优化国土空间格局，引导人口、产业、重大基础设施等合理布局，推动都市区整体融合发展的重要路径。

1.1.2 研究意义

（1）理论意义。本书力图创新内容，改进方法，提出都市区发展边界的现实需求和边界划定的理论分析框架，丰富和发展都市区空间可持续发展的理论体系；弥补当前缺乏都市区发展边界划定的综合指标体系的缺陷，为都市区发展边界划定提供新的研究方法；借助城市经济学理论、区域一体化理论、生态景观学理论、可持续发展理论学科知识交叉，既促进相关学科融合发展，又为都市区发展边界研究提供了新的视角。

（2）现实意义。坚持实证和目标导向，本书为推进都市区一体化发展边界划定方法提供借鉴，对于都市区一体化发展具有较强现实指导意义；强调都市区发展边界划定的技术性，对于当前城市一体化发展和国土空间优化等战略性安排具有重要参考价值；同时，试图把握都市区发展边界划定的影响因素与关键问题，据此设计系统的推进策略，为不同类型地区提供实践参照。

1.2 研究目标及内容

1.2.1 研究目标

本书以重庆都市区为实证对象，在遥感（RS）与地理信息系统（GIS）技术支持下，运用空间分析、定性与定量分析相结合等研究方法，开展都市区发展边界划定理论和文献梳理，分析都市区空间演化特征与都市区发展边界扩展需求与动力等，并初步探讨都市区扩展类型蔓延的空间规律，在此基础上，结合国内外都市区发展边界划定的实践案例，提出重庆都市区发展边界的选择与划定，最终提出一体化发展的保障机制。

1.2.2 研究内容

本书主要包括以下研究内容。

（1）都市区发展边界划定相关理论梳理。对有关都市区发展边界划定的基础理论进行系统梳理，具体包括：城市增长边界理论、区域一体化理论、城市发展阶段理论以及卫星城镇理论等。

（2）探究实证案例重庆都市区的扩展特征。运用城市建设用地数量变化分析方法、城市建设用地形态变化分析方法以及城市建设用地合理性分析方法对重庆都市区自直辖以来20年的建设用地扩张时空特征进行量化分析。

(3) 分析实证案例重庆都市区发展边界扩展需求与动力。从都市区资源环境安全、都市区发展空间扩展、都市区发展功能提升、都市区产业空间拓展等方面分析重庆都市区发展边界扩展需求与动力机制。

(4) 开展实证案例重庆都市区发展边界选择与划定研究。制定都市区发展边界划定的原则，厘清重庆都市区发展边界划定的思路，分别提出基于现状评价和规划预测的重庆都市区发展边界划定方案。

(5) 提出实证案例重庆都市区划定范围一体化发展保障。通过分析研究都市区发展边界扩展特征和动力机制，提出重庆都市区发展边界划定方案，进一步系统地提出包含组织引导机制、协调对接机制、协同合作机制以及规划管理机制的重庆都市区一体化发展保障。

1.3 关键问题及创新之处

1.3.1 关键问题

发展边界是“多规融合”内容的核心体现，也是“多规融合”得以实施的重要抓手之一。提取各规划中相应的空间管制要素，依据相应的法律法规的控制要求进行分类叠合，协调各法定规划之间的矛盾，最终形成空间联系边界、产业融合边界、基础设施融合边界、生态安全边界、城市空间拓展边界的叠合线就是开发边界划定的核心依据。

1.3.2 创新之处

在渝西地区和都市区建设用地拓展、都市功能、经济联系、基础设施互联互通、产业融合、资源承载力等现状评价的基础上，结合有关文献，选取评价级别较高的城市行政区界线，形成各类评价边界，即用地拓展边界、都市功能联系边界、产业发展边界、资源承载力边界，进而依据各类边界，提取各相应的空间管制要素，依据相应法律法规的控制要求进行分类叠合，并依据各类边界权重进行图形叠加，形成基于现状评价的重庆都市区发展边界。

1.4 研究思路及技术路线

研究框架如图 1－1 所示。

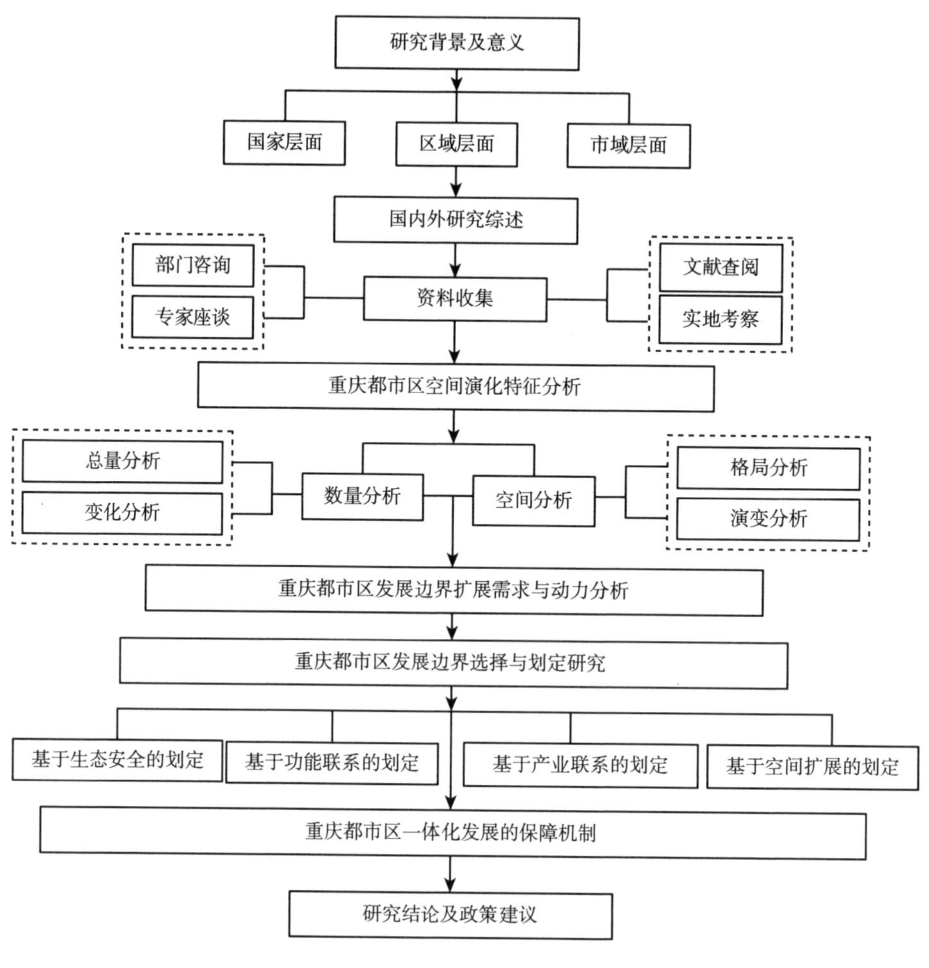

图 1－1 研究框架

第2章 国内外都市区（城镇）边界研究进展、实践与启示

2.1 都市区（城镇）边界研究进展

2.1.1 都市区（城镇）发展边界划定的概念

都市区（或城镇）发展边界划定的概念类似定义——城市增长边界（UGB），不同的学者有不同的观点。例如，从城市发展需求出发，提出城市增长边界是为满足未来城市空间扩展需求而预留的土地，即一定时间内城市空间扩展的预期边界（黄慧明，2007）；认为城市增长边界从本质上分为"刚性"边界和"弹性"边界，其中"刚性"边界是针对城市非建设用地的"生态安全底线"，"弹性"边界则随城市增长进行适当调整（黄明华等，2008）；提出国内目前的禁建区、限建区和城镇建设用地边界可以从广义上统称为中国的城市增长边界，规划城镇建设用地边界称为狭义的城市增长边界（龙瀛，2009）；提出城市增长边界所代表的是城市功能区（functional urban region）和生态功能区（EFA）、农业功能区（AFA）之间空间作用力相互平衡的等值线，是"增长与约束、需求与供给、动力与阻力"之间的平衡，从外在表征上看是建设空间与非建设空间之间的界线（吕斌等，2010）；认为城市增长边界是起到限制增长范围的界线，在建成区周边依法划定，其作用介于城市服务边界（urban service boundary）和绿带（green belt）之间；认为其界线内是未来城市建设用地，界线外是仅限于发展农业及生态保留开敞空间，不能用于城市建设（张振龙，2010）等。

自 2007 年起，国内学术界对城市增长边界研究给予了广泛关注，其内容

主要分为两类：第一类着重于理论，即增长边界概念内涵和管理体系；第二类着重增长边界划定的技术方法探讨。国内学界目前对城市增长边界有不同的认识和理解：一是将城市增长边界简单地看作是去除自然空间（包括农地、林地、水域等）或郊野地带的区域界线（所谓“反规划线”），实际上划定的是“保护边界”；二是将城市增长边界视为满足城市未来扩展需求而预留的空间，是随城市增长而不断调整的“弹性”边界，实际上是城市的“开发边界”；三是将城镇规划建设用地的边界理解为狭义的城市增长边界，即规划期内城镇建设用地的边界，实际上是城市的可预期的建设边界。

2014 年 7 月，住建部、国土资源部联合召开的划定城市开发边界试点城市启动会上，中国城市规划设计研究院提出关于城市开发边界的定义：城市开发边界是城市行政辖区内划分可进行城市开发建设和不可进行城市开发建设的空间界线。边界内：可进行城市开发建设，城市政府可以进行城市基础设施和公共服务设施建设。本级城市规划管理部门可做出行政许可，本级国土部门可安排土地征转，提供建设用地指标。边界外：不可进行城市开发建设，城市政府不能进行城市基础设施和公共服务设施建设。本级城市规划管理部门不能在边界外做出行政许可，本级国土部门不可安排土地征转、不提供建设用地指标，区域性基础设施建设除外。中国土地勘测规划院提出关于城市开发边界的定义：区域资源和生态环境可承载城镇化进程基本完成时的最大城市规模所对应的城市空间边界。由于资源环境承载能力与技术经济进步和生产生活方式相关，这条边界也非绝对固定，建议每 10 年评估调整一次。上海市提出关于城市开发边界的定义：是开展城市建设行为的空间范围，城市开发边界内以城市建设行为为主导，开发边界外以农村建设行为为主导。结合前人的研究成果和观点，可将城市（城镇）发展边界定义为：城市开发边界是可进行城市开发建设和禁止进行城市开发建设的区域之间的空间界线，即允许城市建设用地拓展的最大边界。

2.1.2 都市区（城镇）发展边界划定的内涵

传统的城市发展边界的含义与本书研究的都市区发展边界有所区别。传统城市发展边界（增长边界）是在城市蔓延不断侵蚀周边生态地带和农田的情况下，在划定都市区发展边界之前，应该明确并不是纯粹在城市周围划定一条限制性的线，而是划定不宜城市建设的区域，发展边界既有保护生态环境和农田的功能，也有引导城市集约用地和可持续发展以及改善民生的作用。本书研究的都市区发展边界主要是指都市区中心与周边区域一体化发展的边界，其更多聚焦在都市区与周边区县的空间联系、产业融合、空间拓展等方面，反映与周边区域融合发展的可能性。过去传统城市建设用地边界线划定采取的是通过对城市人口的预测，结合城市人均建设用地指标完成对城市用地范围的划定，在20年期限的发展规模上再加上25%的上浮率，得出最终的城市用地边界，这种模式在随着城市化加速、产业国际化发展造成的工业用地增加、人均用地在不同的城市中差异性变大的今天日益显得不适用（黄明华，2008）。都市区发展边界既要约束城市的无序扩张，又必须满足城市的正常发展需求，在划定时要综合考虑居住、产业、交通、农地、生态环境等因素，生态红线、永久基本农田红线、土地利用总体规划、城乡规划和主体功能区规划中禁止建设边界和限制建设边界，这些区域决不能划入都市区发展边界。

2.1.3 国外都市区（城镇）发展边界研究进展

国外对城市空间扩展演变模式的研究可追溯到19世纪末城市地理学对城市空间形态结构的研究，到了20世纪60年代的计量地理革命，国外对城市空间扩展的研究已经开始集中于城市空间形态的定性研究和定量分析，以及城市空间增长边界的划定。可以看出，国外在对于城市空间的研究方面已经积累了丰富的理论和实践经验。

（1）城市空间扩展研究。首先，在城市空间扩展演变模式方面，贝里（Berry，1977）在总结出多种类型的城市空间扩展模式的基础上，认为城市的合理扩展模式应该是圆形扩展模式；福尔曼（Forman，1995）从景观生态学出发，提出五种城市扩展模式：边缘式、廊道式、单核式、多核式和散布式；雷伊等（Leorey et al.，1999）提出城市用地扩展主要有三种类型：紧凑、边缘和廊道；卡马尼等（Camagni et al.，2002）提出了五种扩展模式：填充、外延、沿交通线扩展、蔓延和“卫星城”；威尔逊等（Wilson et al.，2003）识别出五种空间扩展模式：填充式、扩展式、蔓延式、孤岛式和分支式。其次，在城市空间扩展驱动机制方面的研究成果可归纳为五类：动力因素、自然机制、市场机制、社会价值机制和政治权力机制。拉迪斯等（Ladis et al.，1999）研究了交通因素对城市区域开发建设的促进作用，并提出政府的各项土地政策是推进城市化进程的重要支撑；皮特（Peter，2004）分析了人的多种出行的行为方式对城市结构和形态的影响。再次，在模拟城市空间扩展方面，托卜勒（Tobler，1979）在20世纪70年代首次采用元胞自动机（CA）的概念来模拟当时美国五大湖地区底特律城市的迅速扩展，使人们认识到CA在模拟地理复杂现象方面的优势；克拉克等（Clarke et al.，1997）在CA基础上开发出较为成熟的CA城市模型，即“基于元胞自动机的城市生长模型（SLEUTH模型）”。之后的马斯（MAS）通过对智能体行为的模拟，构建了一种与CA不同的建模思路，且可信度更高，由此，在城市空间扩展模拟中得到快速发展。最后，在调控城市空间扩展的研究方面，贝里等（1977）从景观和生态角度出发，认为星状形态的城市对改善生态、提升空气质量具有显著作用，在城市景观规划中星状城市景观模式的实践运用不断深化。

（2）城市空间增长边界（UGB）研究。城市空间增长边界的研究和实践主要集中于美国，美国也是最早提出城市空间增长边界的国家。以控制城市蔓延为目的的“新城市主义”与“精明增长”理念一直都把城市空间增长边界视为重要工具。西方学者早期认为城市空间增长边界仅仅是对城市建设用地数量上的限制，现在更多地从宏观区域角度以及注重区域空间协调的角度进行考虑，更加强调城市空间增长边界的实施效果。其中以怀特劳（Whitelaw）、克纳普（Knaap）及纳尔逊（Nelson）等人的研究最具代表性，怀特劳认为城市空间增长边界对土地供应有很大的约束性，如果城市空间增长边界不变，土地需求量增大会使得城市空间增长边界内部的土地价值不断提高。克纳普研究了城市空间增长边界对边界内外土地的价格影响，认为城市空间增长边界是通过区划的改变来影响土地的价值，明确而执行严格的空间增长边界管制措施对城市空间增长边界内外土地的价格影响较大；纳尔逊认为城市的增长管理对控制城市蔓延和保护农田有着明显效果；丘等（Cho et al.，2006）通过异方差概率单位模型对城市空间增长边界在诺克斯城的土地增长决策中的影响进行了研究，认为城市空间增长边界对城市地区和郊区发展的影响是有差异的，在城市地区空间增长边界鼓励了边界内部土地的发展，在偏远乡村地区空间增长边界却促进了边界外部土地的发展；塔耶比等（Tayyebi et al.，2011）以伊朗的德黑兰市为例，利用人工神经网络（ANN）的分析系统，结合GIS以及RS技术，建立了一个能够分析并预测城市空间增长边界的模型。国外的城市空间增长边界在实践中也有很多值得我们学习的地方。1973 年，美国俄勒冈州对其所有大城市划定了增长边界，禁止超过边界新建居民区和公交系统，并鼓励市区内部土地的混合开发利用。1978 年波特兰成立了区域政府，在俄勒冈州《俄勒冈全州规划和增长管理法案》指导下，波特兰都市地区的委员会在 1980 年提出了一条 20 年期限的城市空间增长边界，同时还提出了 10 年发展的中期成长边界，波特兰都市地区委员会需要每 5 年审查土地供给的状况，以决定是否扩展边界。30 年来对城市空间增长边界已经进行了 30 余次微调，其中变动较大的有 3 次。波特兰城市空间增长边界是建立在城市服务区基础上的，它界定了政府所能提供的基础设施服务界限。农业分区规划是用来划定边界的主要工具之一，对于那些确定为农业发展区的地区，未来仍然划定为农业地区，城市的发展不能突破这些界线，这样就保护了城市发展边界之外的农田、草地和森林等地区。

2.1.4 国内都市区（城镇）发展边界研究进展

关于城市空间增长的研究在国内起步于 20 世纪 90 年代，1994 年之前，我国直接涉及城市空间扩展的研究还未开始，但是与城市空间增长理论相关的城市区域系统相互作用理论研究、城市发展原理研究、城市边缘区研究，城市空间结构形态演变研究已经在城市规划学和城市地理等学科领域相继展开。城市空间研究已成为城市规划研究的关注热点。1990 年以前，我国针对城市空间研究的探索开始进入起步阶段。1990 年以后，国内关于城市空间的研究成果日趋丰富，主要是从城市人口迁居、分布以及郊区化，城市社会空间结构，城市内部的经济空间结构等角度来进行研究的。武进的《中国城市形态：结构、特征及其演变》研究了城市形态是由物质形态以及非物质形态组成的，影响和制约城市形态的因素主要包括：地理环境，城市职能、规模、结构特征，城市交通的相对可达性等七个方面。胡俊的《中国城市：模式与演进》从另一个角度较为系统地研究了我国城市形态从演变过程、特征、机制到演化动因等方面的问题。冯建、周一星（1996）结合人口普查资料，提出了中国郊区化理论，将人口分布、变化与郊区化联系起来。段进的《城市空间发展论》对城市发展观念、城市空间发展深层结构、基本规律与形态特征等方面进行了总结。在研究城市空间的基础上，快速的城市化进程带来了城市建设的不断提速，城市空间的扩张使城市用地矛盾更突出。在这样的社会经济背景下，城市空间扩展引起了城市规划学界的重视，其着手开展了大量研究。在城市空间扩展演变模式方面，学者们提出了多种城市形态类型。朱锡金（1987）总结出五大类城市空间形态，分别是匀质分布、蛛网、海星状、群体（包括中心城—卫星城、环状、星系、多中心网络等形态）、带状。武进（1990）根据城市伸展轴组合关系、用地聚散状况和平面几何形状，将城市形态划为集中型和群组型两大类型，细分为六种典型形态，分别为块状、带状、星状、双城群组、带状群组、块状群组。杨荣南等（1997）提出，中国城市扩展包括集中型同心圆扩张、沿主要对外交通轴线带状扩张、跳跃式组团扩张和低密度连续蔓延四种模式。顾朝林等（2008）在对中国城市的城市化问题研究中，综合多学科的研究成果，概括出中国城市的发展规律已经由圈层扩展向多种扩展模式转变。近年来，对城市空间扩展模式判识方法的研究也不断拓展，例如，凸壳原理、空间图形定量方法、夜间灯光强度等。在城市空间扩展驱动机制方面，张京祥等（2008）认为，制度力成为深刻影响城市空间扩展和结构演变的关键因素，企业化治理体系、土地制度、土地规划等相应变革才能实现城市空间集约和理性增长。李开宇（2010）研究的创新点在于通过对调整行政区划的分析来研究城市空间扩展。在模拟城市空间扩展研究方面，国内对 CA 研究较早的有周成虎等（1999）对地理元胞自动机进行了较系统的全面介绍；龙瀛等（2008）提出了基于元胞自动机来制定城市增长边界的方法，这种方法能较为客观、全面地反映城市增长的时空动态变化过程。在调控城市空间扩展的研究中，陈爽等（2009）提出以城市规划的有效性代表用地布局的合理性，以地块闲置概率指示空间开发质量，定量评估城市增长管理效能。黄晓军等（2009）借鉴国内外有效控制蔓延的相关理论，从城市增长模式、空间优化布局、房地产开发控制与引导、快速交通体系建设、耕地与生态系统保护五个方面提出了长春城市发展过程中消减城市蔓延的调控路径。陈伟强（2017）基于约束性元胞自动机（CA）模型的城市开发边界划定方法，以辅助规划方案的编制。

2.1.5 国内外都市区（城镇）发展边界研究进展

国内外对城市边界的研究多是基于两个层面，分别是对城市空间扩展的研究和对城市空间增长边界的研究，两者相辅相成。国内外对空间扩展的研究主要集中在扩展模式，驱动因素和机制，演变模拟和优化控制四个方面。

对城市空间增长边界的研究主要集中于边界的形成机制，边界的划定和管理政策等。

2.2 国内外都市区发展边界划定实践案例与启示

2.2.1 国内外都市区边界划定的典型案例

（1）杭州城市开发边界的划定。杭州市根据2015年中央城市工作会议明确的“要坚持集约发展，树立‘精明增长’‘紧凑城市’理念，科学划定城市开发边界，推动城市发展由外延扩张式向内涵提升式转变”精神，先后编制完成了《杭州城市开发边界划定对策研究》和《杭州城市开发边界实施规划》，由此，完成了杭州城市开发边界划定工作。杭州对于都市区边界划定是明确以法律规章为依据、以“多规融合”为基础、以清晰的行政事权为前提，通过“限制要素筛选—初步划定分区—多规衔接修正”三个步骤，根据各部法规管控的严格程度筛选要素、叠合要素、借助地理市情检测平台，将各管控要素落实于空间，分为“严格保护区”“控制发展区”“空间拓展区”，其中，“严格保护区”与“控制发展区”的分界线就是划定城市开发边界的核心依据。多部门进行密切协调解决空间管制要素落地过程中的问题，形成依法统筹落实各类保护要求的底线，也是区分城市建设型空间与非城市型发展空间的界限。

（2）沈阳城市开发边界的划定。沈阳市结合“保护性优先、城规定结构、土规定规模、协调定用地”的思路，在综合研究规划区内用地现状、“两规”差异图斑分析、支撑城市开发边界划定以及与永久基本农田保护红线划定和生态保护红线划定工作保持衔接的基础上，进行沈阳城市开发边界的划定工作。具体来说，首先对规划区内的土地利用现状和城市建设用地情况进行调查，建立规范统一的基础数据平台。然后重点研究规划区土地利用现状、资源环境承载力、用地适宜性评价和空间发展形态，做好“多规”衔接，实现对城市周边的农田、生态敏感区和生态脆弱区的有效管护，对土地规划和城市规划建设用地进行叠加分析以及差异图斑分析。由此，划出协调保护边界和发展边界，兼顾长远和当下的三个空间层级：生态保护空间、城市开发边界和城市发展缓冲区。

（3）北京市限建区规划。2006 年，北京市完成了城市限建区规划，其在《北京城市总体规划（2004—2020 年）》的基础上，充分借鉴国外关于城市增长边界的思想，作出了较大的创新和突破。规划中确定了 16 个类别、110 个限建要素，协调环保、园林、水务、地勘、文物等部门共同确定相关限建要素的空间定位，编制要素限建导则，再结合限建单元模型生成限建单元，给出限建单元的限建导则。然后基于限建单元进行限制性综合分区：基于限建要素分区、基于限建指数分区、针对用地类型分区。其中，基于限建要素分区为：绝对禁建区、相对禁建区、严格限建区、一般限建区、适度建设区和适宜建设区；基于限建指数分区考虑了限建要素的累加效应，明确划定禁止建设区，对于其他部分，则以限建指数来表征其限制要求的强弱，限建指数越高，越不推荐转变为城镇建设用地；针对用地类型分区则是对每一类城镇建设用地划定相应的限建分区。最后进行指定区域建设条件分析并形成规划图则。

（4）美国波特兰的城市开发边界划定。位于美国俄勒冈州的波特兰市为了缓解城市扩张与农田保护及生态环境的矛盾，最先于 1973 年成立了土地保护与发展委员会（Land Conservation and Development Commission，LCDC），并出台了《俄勒冈土地利用法》，提出各级县、市应划定并维护城市增长边界；1978 年波特兰都市区政府（Metro）成立，并于 1979 年通过土地适应性分析和用地需求分析结合的方法划定了城市增长边界。20 世纪 90 年代后，该市确定以城市沿交通走廊向外扩展，在边缘增长的同时鼓励内部填充式发展的原则，结合土地利用现状、主要街道和区域中心位置、城市交通廊道和交通枢纽位置，划定了城市增长边界。同时，政府规定，增长边界可以根据实际发展情况和某些特殊需求进行适当的弹性调整，以满足城市正常发展和民生基础设施建设的需要，达到了在没有突破城市增长边界限制的前提下，以极小的城市建设用地增长面积容纳增长数量巨大的人口。

（5）日本东京都市圈的规划与发展。日本东京都市圈一般指一都三县（东京都、千叶县、埼玉县、神奈川县），是世界上规模最大，也是经济最发达的都市圈，是都市区高效集约发展的一个典范，这与其在产业结构、人口流动、区域空间规划等方面管理实践的成功密不可分。第二次世界大战后日本经济快速恢复，为了限制人口大量涌入东京都心三区（中央区、千代田区、港区），1956 年日本政府出台了《第一次首都圈建设规划》，该规划参考大伦敦规划，在都心建成区外围建设绿带以限制城市无序发展和扩张，形成圈层发展结构。但随着经济飞速发展，土地价格上涨，东京建成区面积也加速扩张。1968 年，日本政府出台了《第二次首都圈建设规划》，提出将东京作为全国管理中枢，摒弃绿带作为都市区边界的做法，代之以近郊整备地带的概念，即在近郊预留足够多的空地以备有序开发，同时在空地中保留足够多的绿地（王涛，2014），建设多中心城市疏解都心区的产业与人口压力，将距东京火车站 50 公里以内的区域纳入东京发展区域，重点建设新宿、池袋与涩谷三个副中心，同时将周边七县纳入东京都市圈（王涛等，2015）。为了扭转东京都心区日益出现一极化趋势，1976 年出台的《第三次首都圈建设规划》提出，在东京周边建设次中心城市，形成多极结构的广域城市复合体。在此后的两次规划中，先后提出以核心城市为中心形成自立城市圈，重新构筑“多核多圈型”区域结构，在首都圈内形成自立、互补、相互联系的“分散型网络结构”。

2.2.2　国内外都市区发展边界划定的经验总结

（1）完善都市区发展边界划定的法制建设。纵观国内外诸多城市对都市区发展边界划定的典型案例，从规划方案的出台到边界划定的实施及管理，都必须制定严格的相关法规，明确对破坏边界的法律责任和监管不力的问责制度，全方位保障都市区发展边界的划定和实施。都市区发展边界是一条体现多方利益综合博弈的边界，既是政府强制管控的要求，又更多是采取市场的方式与不同利益集团协调的结果（侯逸等，2016）。因此，需要不断完善相关的法制建设，为城市开发边界的实施、管理和调整提供相应的法律基础。

（2）探索适合本地的都市区发展边界划定模式。东京在最初划定城市发展边界时直接借鉴伦敦的绿带规划，但随着经济的快速发展而宣告失败，城市建设很快突破绿带向外蔓延，后来依靠发达的轨道交通建设次中心城市，调整产业布局，才形成了东京首都圈集约的“分散型网络结构”模式。我国幅员辽阔，由于地理位置、地形限制、产业发展等因素的不同，发展模式也不尽相同，各个城市呈现出集聚式、组团式等不同的发展形态。划定都市区发展边界时绝不能照搬其他成熟模式，应因地制宜，吸取其他典型模式的成功经验，积极探索适合本地的模式。

（3）多部门协调开展都市区增长边界的划定。目前，我国的行政体制下，与划定都市区增长边界最相关的政府部门是规划部门和国土部门，但长期以来两部门的关系一直未能清晰界定，城市总体规划与土地利用总体规划的关系也未能理顺，而随着经济发展城市的扩张，会很快突破预测规模，造成城市的无序蔓延和管理混乱（刘海龙，2005）。各类规划之间的衔接还存在着规划期限不一致、规划内容重叠等问题，严重影响了规划的最终实施，削弱了规划体系的整体功能。因此，都市区增长边界的划定需要规划、国土、林业、水利、文化等部门的密切协调与紧密合作，抛却各自部门利益，以生态保护和公众利益为重，形成一个大且整合的规划管理和执行部门（冯科等，2008）。例如，日本东京成立的首都圈整备委员会，深圳市将规划和国土部门合并为深圳市规划和国土资源委员会等方式，都是较为成功的尝试。

（4）构建保障都市区发展边界的长效管理机制。都市区发展边界划定后的维护和管理工作相对来说更为复杂和困难，随着城市发展造成的土地供求矛盾凸显，在利益的驱使下极有可能出现违反规划、破坏边界等行为。这就要求有关部门在划定发展边界时除了要提高规划工作的准确性，还需要构建合理的长效管理机制。加快建立与城市增长边界相适应的城市公共服务和基础设施投入机制，可通过完善与城市开发权相关的财政转移支付制度和生态补偿制度，与城市增长边界相关的税收制度等经济手段，增加对限制在城市增长边界以外地区的支持（胡剑双，2014）。杭州市利用 GIS 技术定期进行检查，强化对边界外生态空间的动态监控管理和定期评估，同时通过立法确立都市区发展边界在城市空间管控方面的效力与地位，规范各部门的管理职责与权限，有效保障了都市区发展边界的作用发挥。

2.2.3 国内外都市区发展边界划定的启示

（1）正确理解都市区发展边界的功能与含义。在我国新的国土空间规划体系实施背景下，国土空间格局优化成为区域可持续发展的核心内容，都市区发展边界就是以中心城市与周边区域一体化的空间优化边界。传统的城市发展边界（或增长边界）是在城市蔓延不断侵蚀周边生态地带和农田的情况下而划定的不宜城市建设的区域，但都市区发展边界既有保护生态环境和农田的功能，也有引导城市集约用地和可持续发展、提高区域经济发展质量和改善民生的作用。因此，本书中都市区发展边界主要是指都市区中心与周边区域一体化发展的边界，其更多聚焦在都市区与周边区县的空间联系、产业融合、空间拓展等方面，反映与周边区域融合发展的可能性。都市区发展边界既要约束城市的无序扩张，又要满足城市的正常发展需求，在划定时要综合考虑宜居、产业、交通、农地、生态环境等因素，以及生态红线、永久基本农田红线、土地利用总体规划、城乡规划和主体功能区规划中禁止建设边界和限制建设边界。

（2）都市区发展边界的“刚性”与“弹性”。都市区发展边界作为一种多目标的城市空间控制规划工具，不是一条固定的边界，而是应当根据城市发展的需要划定永久发展边界和动态发展边界，这样，既有用于保护生态环境和耕地而不可逾越的“刚性”底线，也有用于满足城市未来发展需要的“弹性”边界（王颖等，2014）。如果单纯强调发展边界的“刚性”，则城市带动区域经济发展的作用就会受到制约，同时，保护生态环境和耕地的初衷也不一定能实现；如果在划定时没有充分考虑发展边界的动态发展过程，在远期城市发展边界就不得不频繁进行调整，使本应具有足够“刚性”的城市增长边界变得富于“弹性”，这种仅仅强调时间上“弹性”的方式失去了控制城市规模、促进城市集约化发展的意义（黄明华等，2012）。只有在结合生态红线和耕地保护红线等严格禁建区和远期城市及人口发展规模的基础上兼顾发展边界的“刚性”约束与“弹性”平衡，这样划定的发展边界才具有约束城市无序蔓延和引导城市精明发展的功能。

（3）提高都市区发展边界划定的预见性。为了防止发展边界随着城市的发展被突破，需要在划定之时摒弃功利性和短视心理：一方面，需要在已划定的生态红线和耕地红线的基础上进行，不得与其冲突，坚守保护和安全的红线；另一方面，划定工作评估城市的产业发展和交通建设情况，合理预测远期城市的人口规模和城市建设规模，为未来的建设需求预留足够的土地，从而提高规划工作的预见性。同时，相关规划部门应当根据日常监督和管控的情况，定期对发展边界进行评估，结合城市发展的实际情况进行适度调整，可以有效增强发展边界的适应性。

第3章　都市区发展边界划定的基础理论及启示

3.1　城市增长边界理论

3.1.1　城市增长边界理论概述

简言之，城市增长边界就是城市土地和农村土地的分界线，其概念最早是由美国的塞勒姆市（Salem Municipality）提出的。当时该市与马里恩（Marion）和波尔卡（Polk）两县对关于塞勒姆都市发展进行管理的问题发生了冲突，此次斗争产生了美国的第一条城市增长边界。它为都市地区的发展圈定了一条界线，该界线以内的土地可以开发为城市用地，该界线以外的则不可以。该界线既是土地利用规划的核心及关键组成部分，又是整个规划的基础。具体地说，城市空间增长边界是基于以下因素建立的：①城市人口增长的需要；②满足住房、就业机会和生活质量的需要；③通过经济手段提供公共设施和服务；④最高效地利用现有城区以内和边缘地区的土地；⑤关注开发活动对环境、能源、经济和社会的影响；⑥根据土地分类标准保留农业用地；⑦使城市对土地的使用与附近的农业活动和谐一致。因此，其目标可以概括为：保护基本农田；提供充足的公共设施；减少空气、水和土地的污染；圈定明确的城区边界。城市空间增长边界一旦确定后，地方政府就必须尽最大努力，满足规划期20年内的住房、工业、商业、娱乐、开放场地及其他所有城市用地的需求。而城市空间增长边界对于蔓延的控制是通过划定允许城市发展的界限，划出若干“拟发展区”供开发公司发展，各种新开发区之间用永久性绿带隔离，并以公共交通将它们连接，然后根据需要选择不同的开发密度，并赋予边界一定的灵活性，在必要的时候可允许调整。城市空间增长边界管理模式的基本功能就是协调，即对一些超越地方范畴的问题进行区域性协调并提出解决措施。与20世纪70年代早期为控制发展而采取的管理措施（如密集分区、暂停发展、控制人口）不同，城市空间增长边界不是限制发展，只是对发展的过程和地点进行管理，是一种多目标的管理模式。通过把城市发展限制在一个明确定义的、地理上相连接的地域内，该地域的面积是根据最详尽的关于城市发展趋势的可得知信息确定的，城市空间增长边界可以在制止城市无计划延伸的同时满足城市发展的需要。

3.1.2　对都市区发展边界研究的启示

城市增长边界理论是为了控制城市空间的无序蔓延而产生的一种技术手段和政策措施，是合理引导城市土地开发与再开发、保护各种自然资源（包括土地资源）的有意识的行动。它通过界定鼓励城市开发和建设的边界，明确在此边界内由政府提供资金建设基础设施；在此边界外不鼓励或者不允许进行城市开发和建设，也没有公共基金支持建设城市服务和基础设施。地方政府需要定期对城市增长边界进行测定，以确定是否需要修正以及修正的时机和范围。城市增长边界并不是一成不变的，而是根据城市的实际发展进行不断更新。城市增长边界能够合理引导城市增长，提高建成区人口密度，防止特大城市面积过度扩张，是控制城市增长边界的工具，在都市区发展边界研究过程中，该理论在指标体系和方法方面能够起到一定的指导作用。

3.2　城市发展阶段理论

3.2.1　城市发展阶段理论概述

城市发展阶段理论用于描述城市发展所处的不同阶段及在各个阶段城市发展的特征，现有的城市发展阶段理论主要包括彼得·霍尔（Peter Hall）的“城市发展六阶段”理论、范登博格（Vandenberg）的“城市四阶段”理论和埃里克森（Eriksen）的“城市扩张三阶段”理论等。彼得·霍尔认为，一个国家可分为非都市区和都市区两部分，都市区又分为首位城市体系和其他一般城市体系两部分，都市区由中心区和郊区构成；埃里克森的“城市扩张三阶段”理论将城市空间结构的扩展划分为三个阶段，依次是外溢——专业化阶段、分散——多样化阶段、填充——多核心阶段，他认为卫星城镇建设是在城市扩张阶段出现的。以上理论都认为：在城市发展的每一个阶段，城市之间总是在持续不断地进行物质、能量、人力和信息交换，这种城市之间的交换就是空间相互作用。正是城市之间的空间相互作用，才把地表上彼此分离的城市结合为具有一定结构和功能的有机整体，即城市系统，不断促进一体化发展。

3.2.2 对都市区发展边界研究的启示

当人类活动从分散走向集聚，从封闭走向开放，从个体到群体，从一元到多元，区域一体化就出现了。随着产业发展、功能提升，规模扩张大城市产生了城市空间大规模扩散过程，这一过程产生了新的城市区域空间形态，即都市区或都市群，其功能表现为产业、人口、设施在区域空间层次大规模的扩散，这是城市发展过程的必经阶段。因此，城市发展阶段理论为都市区一体化发展提供了理论支撑。

3.3 区域一体化理论

3.3.1 区域一体化理论概述

区域一体化有宏观、中观和微观三个层面的不同情况。宏观层面的区域一体化，是指国际上国家之间的一体化，要求参与国消除各种贸易壁垒及阻碍生产要素自由流动的歧视政策，通过一系列协议和条约形成具有一定法律约束力和行政管理能力的地区经济合作组织，在成员国间达成权利和义务的平衡。国际上的区域一体化有两种性质：一种是功能性一体化，是指现实经济领域中各种壁垒的消除，实现市场的扩大和客观的融合；另一种是制度性一体化，是指通过签订条约和建立超国家组织的主观协调机制。功能性一体化是各国市场经济在生产力发展的推动下向外扩张的内在要求，而制度性一体化则是对功能性一体化这一进程的保障和促进，因其涉及国家主权的让渡，其活动范围已超出经济领域而进入政治和国际关系领域。中观层面的区域一体化是指在国家尺度以下的区域体化，即区域间的一体化，例如，长江三角洲区城一体化，重点是消除地方保护主义，消除行政性的壁垒，组建跨区组织，实现资源共享、基础设施共建，合理配置生产力，推动统一大市场建设和生态环境保护。微观层面的区域一体化是指单个区域内部实现一体化，实现城乡一体化，削弱乃至消除长期存在的城乡二元结构，推进城乡协调发展。区域一体化是多维的，除包括经济领域的一体化之外，还包括社会、文化、政治、民主等领域的一体化。区域一体化规划内容也将从物质空间层面的统筹向生态、社会层面的统筹转变，规划的重点不仅是区域内城镇之间的关系和发展，还会将城乡的协同一体发展作为重点研究对象。

3.3.2　对都市区发展边界研究的启示

都市区发展边界研究实质上是对都市区一体化发展边界问题的研究，其边界的划定有赖于都市核心区与周边的联系强度，区域一体化理论从功能一体化和制度一体化方面为都市区一体化发展边界提供理论基础和方向。都市区一体化发展使城市不但在物质形态空间上共生，实现资源共享、基础设施共建，合理配置生产力，推动统一大市场建设和生态环境保护，而且在经济领域的一体化之外，还包括社会、文化、政治实现互补融合。因此，都市区发展边界划定需要特别注意的问题就是要解决好利益协调机制，这样才能更好地推进区域一体化更高质量地发展。

3.4　卫星城镇理论

3.4.1　卫星城镇理论概述

卫星城镇理论是针对田园城市实践过程中出现的背离霍华德基本思想的现象，由恩温（Unwin）于1920年提出。1944年完成的大伦敦周围建立了8个卫星城，以达到疏散伦敦人口的目的，产生了深远的影响。第二次世界大战后至20世纪70年代之前的大多数西方国家和地区都有不同规模的卫星城建设，其中以英国、法国、美国以及中欧地区最为典型。卫星城是指在大城市外围建立的既有就业岗位，又有较完善的住宅和公共设施的城镇，是在大城市郊区或其以外附近地区，为分散中心城市的人口和工业而新建或扩建的具有相对独立性的城镇。因其围绕中心城市像卫星一样而得名。卫星城旨在控制大城市的过度扩展，疏散过分集中的人口和工业。卫星城虽有一定的独立性，但在行政管理、经济、文化及生活上同它所依托的大城市有较密切的联系，与母城之间保持一定的距离，一般以农业或绿带隔离，但有便捷的交通联系。卫星城是和特大城市紧密联系着的，从其基本含义来看，卫星城就是地处大都市周边、同大都市的中心城区有一定距离、具有一定数量的人口规模、并且同大都市中心城区有着密切联系的新兴城镇，犹如地球的卫星一般，人们形象地称其为卫星城。从卫星城同特大城市城区的距离来看，从几十千米到一百多千米不等，这主要依赖于卫星城兴起的条件与发展前景、特大城市城区的规模和经济能量以及交通运输条件与当初城市规划建设的超前意识等。卫星城的人口规模主要依赖于卫星城的产业规模、人口的承载能力和交通运输条件。确认是否成为卫星城的关键，主要是这些新兴的城镇同特大城市中心城区联系的密切程度。卫星城的兴起和发展，应该是直接受到特大城市的辐射和拉引推进，或者是特大城市人口及产业的分流、配套以及转移。

3.4.2 对都市区发展边界研究的启示

卫星城镇理论及其实践有着非常重要的学术价值。都市区发展边界研究旨在通过拓展一体化发展空间化解都市核心区的压力，促进其与周边腹地的有机联系，优化大都市区城市体系，促进区域健康发展，实现大城市可持续发展，尤其是都市核心区域周边城市的定位和联系，卫星城镇理论为本书提供了可靠的理论基础，在都市区空间结构的整合和重组，促进区域经济合作新机理的形成，促进产业结构的优化与升级，提升国家和区域的国际竞争力，强化城乡联系，促进城乡一体化发展等方面有着重要的现实指导意义。

3.5 新型城镇化理论

3.5.1 新型城镇化理论概述

目前，对于新型城镇化内涵的界定，有学者从城镇化的一般概念分析入手，认为新型城镇化的内涵和特征主要包括六个层面：第一，强调以人为本，有序推进农业转移人口市民化；第二，强调四化同步，就是要深入推动新型城镇化与新型工业化、信息化和农业现代化同步发展；第三，强调优化布局，就是要以城市群为主体形态，促进大中小城市和小城镇协调发展；第四，强调生态文明，就是要着力推进绿色发展、循环发展、低碳发展，注重生态空间变化；第五，强调文化传承，彰显城市的特色和个性；第六，强调制度改革，形成有利于城镇化健康发展的体制机制。指出新型城镇化应坚持“全面、协调、可持续推进”的原则，以人口城镇化为核心内容，以信息化、农业产业化和新型工业化为动力，以“内涵增长”为发展方式，以“政府引导、市场运作”为机制保障，走可持续发展道路，建设城乡一体的城市。还有学者在总结概括的基础上认为，新型城镇化就是按照统筹城乡、布局合理、节约土地、功能完善、以大带小的原则，由市场主导、政府引导的城镇化机制推动，形成以资源节约、环境友好、经济高效、社会和谐城乡一体的集约、智慧、低碳、绿色城镇化道路。

3.5.2 对都市区发展边界划定的启示

新型城镇化是以城乡统筹、城乡一体、产业互动、节约集约、生态宜居、和谐发展为基本特征的城镇化，是大中小城市、小城镇、新型农村社区协调发展、互促共进的城镇化，也是中国城市发展的重要路径。都市区城市发展边界研究必须遵循新型城镇化的发展规律，同时需要把城市发展边界问题研究和新型城镇化发展有机结合起来，强调都市区内部空间进一步优化布局，强化城市群为主体形态的都市区一体发展路径，促进大中小城市和小城镇协调发展。

第4章　重庆都市区空间演化特征分析

4.1　重庆都市区概况

重庆都市区坐落于青藏高原与长江中下游平原的过渡地带，地形坡度起伏较大，属于山地丘陵地貌，坡地多、平地少，冲沟多、地块少，有“山城”之称。都市区由中部、北部、南部、西部、东部5大片区，共21个城市组团组成。以片区为格局有机组织城市人口和功能，各片区具有相当的人口规模，城市功能完善，既相对独立，又彼此联系，相互协调发展。每个片区包含若干组团和功能区。中部片区为中梁山以东，铜锣山以西，长江和嘉陵江环抱的区域；北部片区为嘉陵江、长江以北区域；南部片区为铜锣山以西，长江以南和以东的区域；西部片区为缙云山和中梁山之间的区域；东部片区为铜锣山和明月山之间的区域，包括渝中区、沙坪坝区、江北区、渝北区、南岸区、巴南区、九龙坡区、大渡口区、北碚区，土地面积5472.68平方千米。

重庆都市区是全市的政治、经济、文化、交通和金融中心。重庆地处长江和嘉陵江交汇处，水陆交通便利，是西南地区重要的枢纽港口。1997年直辖以来，重庆摆脱了一些制度的约束，同时国家政策上的倾斜，经济上的大力支持为重庆市的快速发展创造了良好的条件。2010年，两路寸滩保税港区、西永综合保税区、两江新区相继成立，一系列政策的发布与实施给重庆市的发展提供了很大的机遇和发展空间。2016年，重庆市地区生产总值达到1.739万亿元人民币，而占全市面积不到7%、人口占全市逾27%的都市9区，地区生产总值达到8019亿元，占整个重庆市GDP的约40%。若将都市区经济GDP与全国其他发达城市GDP衡量、排行，则重庆都市区在全国城市中排第20名，同时，2016年重庆都市区人均国内生产总值为8.25万元。至此，重庆区域发展战略迈入4.0时代，面对新形势下的发展机遇和政策优势，重庆都市区城市空间形态也发生了迅速的变化，带动重庆市经济进入了一个高速的发展阶段。

4.2 都市区空间演化分析方法

4.2.1 城市建设用地数量变化分析方法

（1）城市建设用地变化。根据各时期的城市建设用地边界，利用GIS软件可以获得各年份的城市建设用地面积A，从而能够研究相应时间段内的面积变化情况。城市建设用地面积增长量：

$$\Delta A = A_b - A_a \tag{4-1}$$

城市建设用地面积增长率：

$$\Phi = \frac{A_b - A_a}{A_a} \times 100\% \tag{4-2}$$

其中，A_a 为研究初期城市用地面积，A_b 为研究末期城市用地面积。

（2）城市空间扩展速率。城市空间扩展速率主要指年均扩展速率，是研究城市空间扩展的常用指标。计算公式如下：

$$V = \frac{A_b - A_a}{T} \tag{4-3}$$

其中，A_a 为研究初期城市用地面积，A_b 为研究末期城市用地面积，T为时间间隔。

（3）扩展强度指数。扩展强度指数是指研究区在研究时期内的城市用地扩展面积占总面积的百分比。为了便于比较不同研究时期城市用地扩展的强弱或快慢，通常计算研究区的年均扩展强度指数，它的实质就是用研究区的用地面积对其年均扩展速度进行标准化处理，使其具有可比性。计算公式如下：

$$R = \frac{A_b - A_a}{A_a} \times \frac{1}{T} \times 100\% \tag{4-4}$$

其中，R 为城市扩展强度，A_a 为研究初期城市用地面积，A_b 为研究末期城市用地面积，T 为时间间隔。

根据式（4－4），城市扩展强度指数也是在某一时间段内年均城市面积增长比率。根据扩展强度指数的高低可以区分城市扩展类型：高速扩展、快速扩展、中速扩展、低速扩展和缓慢扩展。

4.2.2 城市建设用地形态变化分析方法

（1）城市空间紧凑度指数。城市形态的变化，是城市空间布局和结构变化的综合反映。从城市空间形态的变化可以分析城市的生长过程，揭示扩展规律。紧凑度指数是衡量城市空间形态变化的重要指标，公式为：

$$C = \frac{2\sqrt{\pi A}}{P} \tag{4-5}$$

其中，C 为紧凑度，A 为城市面积，P 为城市周长。

根据式（4－5）计算圆形、正六边形、正方形、正三角形（如图 4－1 所示）的紧凑度指数，分面积相等与几何图形中心到边界的距离相等两种情况进行分析，计算结果见表 4－1。

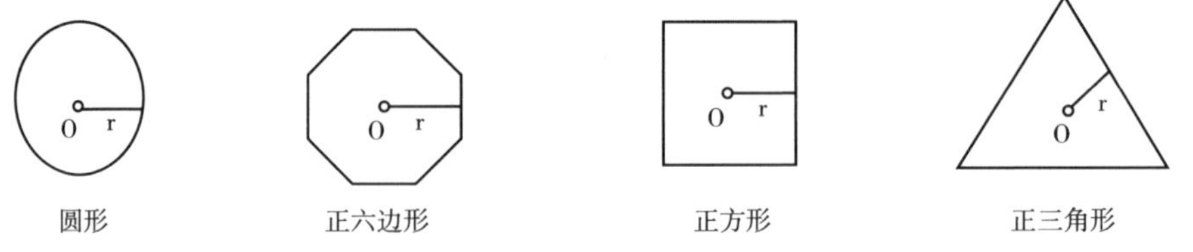

图 4－1 几何图形

表 4－1 几何图形的紧凑度指数

项目	数值	圆形	正六边形	正方形	正三角形
等面积	4	1	0.952	0.886	0.778
	16	1	0.952	0.886	0.778
	40000	1	0.952	0.886	0.778
等距离	1	1	0.952	0.886	0.778
	2	1	0.952	0.886	0.778
	100	1	0.952	0.886	0.778

由表4-1可以看出，紧凑度指数与图形面积大小及距离大小无关，仅与几何图形的形状相关。圆形的紧凑度为1，其他图形的紧凑度越接近圆形越大，反之越小。由此得出，城市形状越接近圆形，紧凑度越接近1，城市空间越紧凑；反之，城市紧凑度越低，空间离散程度就越大。

（2）城市空间形状分维数。分维数是描述分形结构的特征指标，在解释自然界中那些不规则、不稳定和具有高度复杂结构的现象方面，可以取得显著的效果。城市空间形态是城市各构成要素的空间分布模式，是城市实体的地域空间投影。城市有着复杂的、非线性的空间形态，这种空间形态具有分形特征。空间的分维数可以描述城市边界形状的复杂性，反映土地利用形状的变化及土地利用受干扰的程度。在分形几何中，斑块面积与周长的定义为：

$$P = K(A^{D/2}) \tag{4-6}$$

对于单个正方形的版块，常数K=4，即：

$$P = 4(A^{D/2}) \tag{4-7}$$

则城市空间形状分维数可以定义为：

$$D = \frac{2\ln\left(\frac{P}{4}\right)}{\ln(A)} \tag{4-8}$$

其中，D为某一时期城市斑块的分维数；A、P分别是某一时期城市斑块的面积和周长。根据式（4-8）计算圆形、正六边形、正方形、正三角形的分维数，同样分面积相等与几何中心到边界的距离相等两种情况进行分析，计算结果见表4-2。

表4-2　几何图形的分维数

项目	数值	圆形	正六边形	正方形	正三角形
等面积	4	0.826	0.896	1	1.189
	16	0.913	0.948	1	1.094
	40000	0.977	0.986	1	1.025
等距离	1	0.789	0.884	1	1.159
	2	0.904	0.945	1	1.086
	100	0.977	0.986	1	1.024

由表4-2可以看出，正方形的分维数恒为1，其他几何图形的分维数与面积大小及距离大小有关。同一种图形在两种情况下，面积越大分维数越大。在同一面积或距离数值下，从圆形到正三角形分维数逐渐变大，说明几何图形越接近圆形，分维数值越小，反之越大。由此推出，分维数D值越大，表示城市形状的不规则程度越大。

在假定城市面积随时间不断增加的前提下，如果分维数增大，说明在这一时期城市地域以外部扩展为主。如果分维数下降，则说明城市地域面积的增加是以城市建设用地边缘间的填充为主。如果分维数基本不变，则说明城市进入相对稳定发展阶段。

(3) 城市空间重心指数。城市空间重心指数是描述城市空间分布的一个重要指标。它是城市保持均匀分布的平衡点，可通过对各城市地块的几何中心坐标值加权平均求得。计算公式是：

$$X_t = \frac{\sum_{i=1}^{n}(C_{ti} \times X_i)}{\sum_{i=1}^{n} C_{ti}} \qquad Y_t = \frac{\sum_{i=1}^{n}(C_{ti} \times Y_i)}{\sum_{i=1}^{n} C_{ti}} \tag{4-9}$$

其中，X_t、Y_t 分别为t时间城市用地中心坐标，X_i、Y_i 是第i个城市地块的几何中心坐标，C_{ti}为第i个地块面积。

通过跟踪不同时期城市空间重心的移动，能够得到城市扩展方向变化的轨迹。根据多个时期重心变化，可以预测城市的空间发展趋势。

4.2.3 城市建设用地合理性分析方法

(1) 城市建设用地扩展弹性指数。城市面积-人口弹性系数描述了城市扩展速度与城市人口增长速度之间的关系，是用来评价城市扩展合理性的指标之一。其数学表达式为：

$$R(i) = \frac{A(i)}{Pop(i)} \tag{4-10}$$

其中，R(i) 为第i时段城市建设用地扩展弹性指数，Pop(i) 为第i时段市区人口平均增长率，A(i) 为第i时段城市建设用地面积平均增长率。

城市用地扩展速度应该与城市人口增长速度相适宜。如果用地扩展速度过快，而城市人口增长缓慢，势必造成土地粗放利用，资源浪费。反之，城市人口增长远超过土地扩展，则会出现土地利用强度过高的现象，同样会带来城市环境恶化、居民生活质量下降等问题。通常情况下，该数值越接近 1，城市扩展的合理程度越高，数值偏离越大或越小，表示城市扩展与人口发展之间的协调性越低。我国学者通过对中国历年城市化过程的综合分析，认为 R(i) 为 1.12 时较为合理，即城市人口每增加 1 个百分点，城市建设用地面积应增加 1.12 个百分点左右。此值过小，会导致城市建设用地紧张；此值过大，势必造成城市建设占地过多、土地利用效率过低的现象。

（2）异速生长模型。由于城市用地和人口的增长并非简单的线性关系，城市用地扩展速度的合理与否，仅用扩展弹性指数来衡量是不够的。20 世纪 50 年代，人文地理学领域在研究城市人口—城区面积关系时引入生物学领域的异速生长规律，并将异速生长模型用于城市体系的人地关系的研究中。异速生长模型一般表示如下：

$$A = aP^{b} \quad (4-11)$$

其中，A 为城市用地面积，在这里表示城市建设用地面积；P 为城区人口；a、b 为常系数。其中系数 b 的大小表示不同的异速生长关系：当 b = 0.9 时，城市人口与城区面积为同速增长关系，此时两者增长速度较为适宜；当 b < 0.9 时为负异速生长，此时城市人口较城区面积增长为快；当 b > 0.9 时为正异速生长，此时城市人口较城区面积扩展为慢。

4.3　重庆都市区空间演化特征

依据重庆市各时段城市规划的矢量数据、基于多期遥感影像得到重庆都市区城市规划面积，见表 4－3；城市建设用地的边界和面积，见表 4－4。根据上述研究方法，得到研究区各时间段建设用地拓展的相应指数，见表 4－5。

表 4－3　重庆都市区规划区面积　单位：平方千米

	1983 年	1998 年	2007 年
规划区面积	219	2500	5473

表 4-4　　重庆都市区城市建设用地面积与周长

	1997 年	2003 年	2009 年	2015 年
面积（平方千米）	180.88	303.83	570.79	884.24
周长（千米）	229.64	373.86	754.09	914.15

表 4-5　　重庆都市区城市建设用地数量变化指标

年份	建设用地面积增长量（平方千米）	建设用地面积增长率（%）	建设用地空间扩展速率（平方千米）	建设用地扩展强度指数（%）
1997~2003	122.95	67.97	20.49%	11.33
2003~2009	266.96	87.86	44.49%	14.64
2009~2015	313.45	54.92	52.24%	9.2
1997~2015	703.36	388.85	39.08%	21.6

研究期间，重庆市社会经济的快速发展推动着城市化的进程，中心城区的功能日趋强化和综合的同时，城市规划区范围和城市建设用地规模也不断增大，在城市规划的引导下，城市建设用地空间迅速向周围地域扩展，使研究区的土地覆盖发生了剧烈变化。重庆直辖以后，国家和地方的政策倾斜、发展导向、工业布局等方面的重组和调整为其发展提供了难得的机遇。重庆都市区城市建设用地扩展也逐渐从以渝中区为核心的单组团式发展模式向解放碑商圈 + 江北商圈 + 南坪商圈 + 九龙坡商圈的多组团模式转变。重庆都市区城市建设用地面积由 1997 年的 180.88 平方千米上升到 2015 年的 884.24 平方千米，18 年间城市建设用地面积净增了 703.36 平方千米，城市建设用地面积增长率、空间扩展速率和扩展强度都非常迅速，分别达到了 388.85%、39.08% 和 21.6%。这些数据都表明了在城市化快速推进的背景下，城市建设用地规模是不断增加的，其用地的不断扩大是以侵占大量耕地、林地等其他地类为代价的。

4.3.1　都市区总体规划变化特征

从城市规划角度来看，1983 版的城市规划是中华人民共和国成立后国务院批准的重庆第一版城市总体规划。规划范围东起铜锣山，西至中梁山，北起双碑、红旗河沟，南至李家沱、四公里，城市性质为“长江上游的经济中心”，城市发展方向为突破长江、嘉陵江屏障，向北、向南发展，确立了多中心、组团式的城市空间布局。该规划为以后的城市格局和城市建设打下了基础，规划区面积 219 平方千米。

重庆直辖以后，为了顺应三峡库区移民的战略任务，同时作为全国重要的工业基地、交通枢纽和贸易口岸，国务院同意修订后的《重庆市城市总体规划（1996 年至 2020 年)》，即 1998 版城市总体规划。与 1983 版规划相比，规划区面积增加到了 2500 平方千米，规划区重心向西南方向迁移态势明显。规划范围东至江北区鱼嘴镇，西至江津区双福街道办事处，南至巴南区一品街道办事处，北至北碚区澄江镇，规划区继续保持“多中心、组团式”的布局，逐步形成了以中心城市为依托，层次分明，规模适度，功能合理的市域城镇体系。

2007 年，随着三峡库区移民任务基本完成，重庆工作重心由原来的移民安置逐渐向经济发展转移，重庆开启经济发展加速模式，全面进入发展新时代。与此同时，1998 版《重庆市城市总体规划》确定的 2010 年的部分发展目标已经提前实现，根据 2004 年 3 月建设部《关于同意修编重庆市城市总体规划的函》，《重庆市城市总体规划 2007—2020 年)》获准通过。与 1998 版规划相比，2007 版规划遵循生态空间发展策略、“多中心组团式”发展策略和集中紧凑发展策略，确立了都市 9 区 5473 平方千米为都市规划区范围。规划区重心向东北方向发展趋势明显。

4.3.2　都市区用地数量变化特征分析

纵观整个研究期的重庆都市区城市建设用地空间扩展过程，可以发现 18 年间城市建设用地扩展具有明显的阶段性差异，各个时期的城市建设用地扩展分布也反映了不同时期城市化进程的差异性。

（1）1997 ~ 2003 年城市建设用地数量变化特征。该时段处于城市建设用地扩展的起步阶段。1997 年 6 月 18 日，重庆直辖市正式挂牌成立。直辖定位的首要任务是组织实施三峡库区开发性移民，保证三峡工程顺利进行，加快库区经济发展。都市区城市拓展、基础设施建设则较为缓慢。因此，相对于其他几个研究时间段，本阶段研究区城市建设用地规模扩大程度不明显。城市建设用地面积增长量、增长速率、城市空间扩展速率和城市扩展强度分别为 122. 95 平方千米、67. 97%，20. 49% 和 11. 33%。

（2）2003～2009年城市建设用地数量变化特征。该时段处于城市建设用地扩展的加速发展阶段。随着三峡工程于2003年开始蓄水、通航并实现首批机组并网发电，三峡库区移民外迁安置工作已经取得阶段性成果，重庆发展的定位也由之前的实施移民为主转为移民和发展并重的格局，城市发展快速推进，基础设施建设日新月异。相对于前一时期，新增建设用地数据为前一时期的2.17倍，达到266.96平方千米，城市建设用地面积增长率、城市空间扩展速率和城市扩展强度指标明显增加，分别为87.86%、44.49%和14.64%。

（3）2009～2015年城市建设用地数量变化特征。该时段处于城市建设用地扩展的高速发展阶段。随着三峡移民工作的全面完成，2009年9月18日，三峡工程实现175米蓄水，移民工作全面完成。2010年2月，住房和城乡建设部发布的《全国城镇体系规划纲要（2010—2020年）》提出重庆作为国家五大中心城市的规划。2010年5月7日，国务院批准重庆设立两江新区，其成为继上海浦东新区、天津滨海新区之后的第三个国家级新区。至此，重庆开启经济发展加速模式，全面进入发展时代。在此6年间，重庆都市区新增建设用地面积达到313.45平方千米，城市建设用地面积增长率、城市空间扩展速率和城市扩展强度指标明显增加，分别为54.91%、52.24%和9.15%。

4.3.3 都市区用地形态变化特征分析

（1）1997～2003年城市建设用地形态变化特征。该阶段属于研究区城市建设用地扩展起步阶段。如前面所述，建设用地数量变化较为显著，其空间形态也具有较为明显的变化。城市紧凑度指数从1997年的0.208降低到2003年的0.165（见表4－6），说明该时期城市建设用地松散，呈现出不紧凑形态。分维数从1997年的1.558上升到2003年的1.588，反映出该时期城市建设用地轮廓线开始变得复杂不规则。空间重心位置上，建设用地中心向东北方向直线距离移动了769.9米，说明整个城市的发展方向以东北方向为主。

（2）2003～2009年城市建设用地形态变化特征。该阶段属于研究区城市建设用地扩展加速发展阶段。建设用地数量变化的同时，空间形态的变化更为显著。城市紧凑度指数从2003年的0.165下降到2009年的0.112（见表4－6），同样反映出该时期建设用地以向外扩展为主，呈现出不紧凑形态；分维数从2003年的1.588上升到2009年的1.651，反映了该时期城市建设用地轮廓线继续保持复杂不规则。空间重心位置上，建设用地中心向西北方向直线距离移动了1632.6米，说明整个城市的发展方向以西北方向为主。较之前一时段，紧凑度指数、分维数和空间重心位置变化幅度更大，这主要是由于渝北两路组团、唐家沱组团和观音桥——人和组团的持续发展，城市各组团之间出现了一种延连扩展。

表4-6 不同时段重庆都市区城市空间相关参数

年份	紧凑度指数	分维数	重心X坐标（米）	重心Y坐标（米）
1997	0.208	1.558	355133.39	3271023.62
2003	0.165	1.588	355403.24	3271744.09
2009	0.112	1.651	354928.47	3273306.65
2015	0.115	1.601	357250.75	3274823.07

（3）2009~2015年城市建设用地形态变化特征。该阶段属于研究区城市建设用地扩展高速发展阶段。随着建设用地数量的持续增加，城市空间形态呈现内部挖潜式变化。城市紧凑度指数从2009年的0.112上升到2015年的0.115，反映该时期城市建设用地轮廓线趋于紧凑，城市内部存量建设用地使用效率较高；分维数从2009年的1.651下降到2015年的1.601，反映了该时期城市建设用地轮廓线逐渐趋于有序合理。城市建设用地重心变化幅度最大，较2009年向东北方向直线移动了2773.62米，整个城市发展方向以东北方向为主。较之前一时段，紧凑度指数和分维数变化幅度不大，说明该时段城市发展逐渐趋于平稳并更加合理，建设用地中心变化幅度最大，主要是由于北部新区、两江新区以及两路组团城市空间的进一步扩展，形成了组团式、串联式、星座式的复合城市格局（如图4-2所示）。

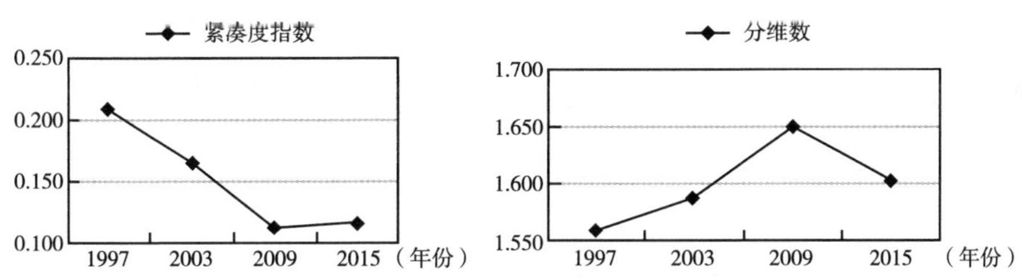

图4-2 不同时段重庆都市区城市空间紧凑度指数和分维数

4.3.4 都市区用地合理性变化特征分析

由于需要连续的数据进行异速生长模型拟合，因此，本节所用建成区面积和人口面积均采用《重庆统计年鉴》中的数据。根据公式计算重庆市1997～2015年以及各时期建成区扩展弹性指数及异速生长模型指数，结果见表4－7、表4－8。

表4－7　　1997～2015年历年建成区扩展弹性指数

年份	人口增长率（‰）	建成区面积增长率（%）	R(i)
1997	—	—	—
1998	6.87	4.374	0.636
1999	8.06	2.986	0.371
2000	4.30	4.816	1.119
2001	9.93	2.917	0.294
2002	11.74	23.861	2.032
2003	17.56	16.978	0.967
2004	13.47	1.959	0.145
2005	17.29	9.747	0.564
2006	11.46	10.621	0.927
2007	11.58	7.646	0.660
2008	8.38	6.914	0.825
2009	8.49	10.053	1.183
2010	18.77	10.682	0.569
2011	17.67	16.622	0.941
2012	11.60	1.471	0.127
2013	9.78	3.786	0.387
2014	11.53	5.320	0.461
2015	13.12	4.015	0.306

表4－8　　1997～2015年各时期建成区扩展弹性指数及异速生长模型指数

项目	1997～2003年	2003～2009年	2009～2015年	1997～2015年
建成区年均增长率	9.322	9.131	7.421	8.043
人口年均增长率	9.745	12.605	12.995	11.756
R(i)	0.957	0.724	0.571	0.684
异速生长模型（b）	0.898	0.814	0.703	0.797

注：四个时期异速生长模型拟合优度R分别为0.987，0.991，0.979，0.983，均通过了置信水平为0.01的显著性检验。

整体来看，重庆都市区建设用地合理性变化的相关指标值呈现持续下降的趋势，扩展弹性指数由1998年的0.636下降到2015年的0.306，18年间的扩展弹性指数和异速生长模型系数分别为0.684和0.797，均低于经验值1.12和0.9，说明在整个研究时间段内，人口增长速度明显快于建成区扩展速度。

（1）1997～2003年城市建设用地合理性变化特征。该阶段属于研究区城市建设用地扩展起步阶段。如前所述，建设用地数量变化较为显著，其空间形态也具有较为明显的变化。建设用地合理性变化明显，建成区扩展弹性指数R(i) 总体上呈不规则变化，6年间平均扩展弹性指数为0.957，小于经验值1.12，尤其是1999年，只有0.371，说明研究区城市建设用地的扩展明显小于人口增长速度。异速生长模型系数b=0.898，小于经验值0.9，同样表明研究区城市建设用地扩展速度略小于人口增长速度，城市建设用地扩展与人口增长出现略微的不适宜。

（2）2003～2009年城市建设用地合理性变化特征。该阶段属于研究区城市建设用地扩展加速发展阶段。建设用地数量变化的同时，空间形态的变化更为显著，建设用地合理性变化愈加明显。扩展弹性指数R（i）由前一时段的0.957降低到0.724，异速生长模型系数b由前一时段的0.898下降到0.814，下降幅度较为明显；在此阶段，研究区城市建设用地扩展速度已经明显小于人口增长速度，城市建设用地扩展与人口增长已出现明显的不适应。

（3）2009～2015年城市建设用地合理性变化特征。该阶段属于研究区城市建设用地扩展高速发展阶段。随着建设用地数量的持续增加，城市空间形态呈现内部挖潜式变化，城市建设用地合理性变化特征指数持续降低，扩展弹性指数R（i）由前一时段的0.724降低到0.571，异速生长模型系数b由前一时段的0.814下降到0.703，相对于人口增长规模来讲，研究区建设用地已呈现明显的超载水平，建设用地扩展与人口增长不适应的状态在持续增长。

总之，在城市总体规划的引导下，研究区城市建设用地变化特征明显。本章从研究区建设用地扩展的数量、形态和合理性三个方面分析了规划引导下的重庆都市区建设用地扩展变化，揭示了研究区建设用地扩展的过程、模式和规律，主要结论如下。

1997～2015年，重庆都市区建设用地在数量上呈逐年上升趋势。2009年以前，紧凑度指数持续下降，表明高速外延式扩展是其主要特征；2009年以后，紧凑度指数有所上升，表明扩展特征变化为高速外延式与内部挖潜式并行的格局。

1997～2015年，重庆都市区建设用地重心位置变化特征明显，2009年以前变化并不大，表明在此时间段内是“摊大饼”式向外扩展。2009年以后，重心位置变化明显，表明此时间段内，研究区建设用地扩展呈现“多组团式”的格局。

1997～2015年，重庆都市区建设用地扩展合理性指数持续下降，建设用地扩展速度明显低于人口增长速度，研究区建设用地呈现明显的超载水平，城市空间继续向外拓展。

重庆是国家级中心城市，是西南地区的科技中心、商贸中心、金融中心、加工制造中心、物流中心和交通通信枢纽中心。随着重庆市社会经济的快速发展，综合经济实力逐年增强，对外经济影响力越来越大。城市在不断改造旧城区、完善城市道路等基础设施的同时，逐步向外围扩展，由此带来用地规模的扩大。城市发展的同时，也带动了人口的激增，人口机械增长速度不断加快。截至2015年，重庆市常住人口3016.6万人，而都市区常住人口则达到834.8万人。人口规模的扩大增加了城市的负担，对城市整体用地结构合理性及发展需求提出了新的挑战。

第5章　重庆都市区发展边界扩展需求与动力分析

本书通过对重庆都市区发展边界演化特征进行分析，明确了重庆都市区发展空间在不同阶段呈现不同的特征，为重庆都市区发展边界进一步拓展提供了依据。本章将以都市区现实基础为前提，主要从都市区资源环境安全、都市区发展空间扩展、都市区发展功能提升、都市区产业空间拓展等角度分析重庆都市区发展边界扩展需求，为重庆都市区发展边界选择与划定提供依据。

5.1　都市区资源生态安全需求分析

5.1.1　土地承载力需求

土地资源是人类赖以生存的自然资源和物质基础，同时也是区域社会经济建设和发展最基本的需求保障，还是一个城市持续发展和扩张的最根本要素。随着城镇化的快速推进以及城市人口的不断增加，水土资源短缺、生态环境污染、城市交通问题等成为影响和制约城市经济社会发展的短板和瓶颈，是建设“以人为本、资源节约型、环境友好型”和谐社会的重要挑战。同时，重庆都市区两江四山的生态本底特征表现出强烈的内部用地空间有限性和生态环境资源脆弱性，因此，对于都市区城市发展边界的研究，首先要衡量都市区的土地资源承载力。

5.1.1.1　评价数据来源及评价方法

为充分了解重庆都市区土地承载力的现状及变化趋势，本书以美国陆地卫星遥感影像（Landsat TM）遥感影像和1：5万数字高程模型（DEM）数据以及重庆市不同年份的统计年鉴作为主要数据源，在空间信息技术的支撑下，从社会子系统、经济子系统、环境子系统以及资源利用子系统中选取若干个指标对重庆都市区2004年、2010年以及2015年三期的土地承载力进行分析及评价。将熵权法和专家打分法相结合，对重庆都市区各区县的社会、经济、环境及资源利用数据进行权重的确定。

（1）构建各年份各评价指标的判断矩阵。设重庆都市区土地承载力的原始评价指标矩阵为：

$$V=\begin{bmatrix} v_{11} & v_{12} & \cdots & v_{1n} \\ v_{21} & v_{22} & \cdots & v_{2n} \\ \vdots & \vdots & \cdots & \vdots \\ v_{m1} & v_{m2} & \cdots & v_{mn} \end{bmatrix} \tag{5-1}$$

其中，V为初始矩阵，v_{ij}（$i=1, 2, \cdots, m$；$j=1, 2, \cdots, n$）表示第i个指标第j年的初始值。

（2）采用归一化方法对原始数据进行处理得到标准化评价矩阵，其中，对于收益型指标，即值越大越好的指标，其处理方法见式（5-2）；对于成本型指标，即值越小越好的指标，处理方法见式（5-3），故得到标准化矩阵式（5-4）：

$$r_{ij}=\frac{v_{ij}-\min(v_{ij})}{\max(v_{ij})-\min(v_{ij})} \tag{5-2}$$

$$r_{ij}=\frac{\max(v_{ij})-v_{ij}}{\max(v_{ij})-\min(v_{ij})} \tag{5-3}$$

$$R=\begin{bmatrix} r_{11} & r_{12} & \cdots & r_{1n} \\ r_{21} & r_{22} & \cdots & r_{2n} \\ \vdots & \vdots & \cdots & \vdots \\ r_{m1} & r_{m2} & \cdots & r_{mn} \end{bmatrix} \tag{5-4}$$

其中，R为标准化后的评价矩阵；r_{ij}表示第i个指标第j年的标准化值；$i=1, 2, \cdots, m$为评价指标数；$j=1, 2, \cdots, n$为评价年份数。

（3）指标权重确定。根据熵的定义和各年份的评价指标，可以确定评价指标的熵，熵权法能客观反映指标的重要性，有效兼顾其变异程度，熵权的计算公式为：

$$w_i = \frac{1 - H_i}{m - \sum_{i=1}^{m} H_i} \tag{5-5}$$

其中，称 $H_i = -\frac{1}{\ln(n)}\sum_{j=1}^{n} f_{ij}\ln f_{ij}$ 为信息熵，称 $f_{ij} = \frac{r_{ij}}{\sum_{j=1}^{n} r_{ij}}$ 为指标的特征比重，$\ln 0 = 0$。

(4) 借助加权思想，运用熵权构建加权规范化评价矩阵 Y，提高各区土地承载力评价的客观性，具体计算公式为：

$$Y = \begin{bmatrix} y_{11} & y_{12} & \cdots & y_{1n} \\ y_{21} & y_{22} & \cdots & y_{2n} \\ \vdots & \vdots & \cdots & \vdots \\ y_{m1} & y_{m2} & \cdots & y_{mn} \end{bmatrix} = \begin{bmatrix} r_{11} \cdot w_1 & r_{12} \cdot w_1 & \cdots & r_{1n} \cdot w_1 \\ r_{21} \cdot w_2 & r_{22} \cdot w_2 & \cdots & r_{2n} \cdot w_2 \\ \vdots & \vdots & \cdots & \vdots \\ r_{m1} \cdot w_m & r_{m2} \cdot w_m & \cdots & r_{mn} \cdot w_m \end{bmatrix} \tag{5-6}$$

一般来说，对区域土地承载力评价的每一个指标都是最基础要点，土地承载力评价指标体系的建立是评价区域土地承载力程度的最根本条件，指标体系构建的成功与否将决定评价结果是否准确。在目前国内已有的土地承载力评价研究中，主要有针对特定地理背景条件下的单一类型区域的指标体系和综合考虑环境系统的内在功能结构及其与外界之间联系的综合型指标体系。通过参考大量有关土地承载力评价的相关研究成果，再综合考虑重庆都市区的实际情况，对都市区各区土地承载力评价的指标因子归纳，见表5-1。

表5-1　重庆都市区土地承载力评价指标体系

具体指标	指标解读	数据来源
人均耕地（平方千米/人）a_1	各区耕地面积/各区总人口	TM影像解译数据
城镇化率（%）a_2	各区城镇人口/各区总人口	《重庆统计年鉴》
人口密度（人/平方千米）a_3	各区总人口/各区土地总面积	《重庆统计年鉴》
人均GDP（人/元）a_4	各区生产总值/各区常住人口	《重庆统计年鉴》
GDP增长率（%）a_5	上年GDP/当年GDP	《重庆统计年鉴》
土地利用率 a_6	已利用的土地面积/土地总面积	TM影像解译数据
森林覆盖率（%）a_7	各区森林面积/各区土地总面积	TM影像解译数据
水域面积率（%）a_8	各区水域面积/各区土地总面积	TM影像解译数据
垦殖率（%）a_9	各区耕地面积/各区土地总面积	TM影像解译数据

从目前的研究成果来看，熵权法是一种客观的赋权方法，利用熵权法赋权和专家打分法相结合，可以一定程度地避免完全人为主观因素，较为客观地针对指标的实际数值进行赋权。具体权重见表5-2。

表5-2 重庆都市区土地承载力评价指标权重赋值

指标	a_1	a_2	a_3	a_4	a_5	a_6	a_7	a_8	a_9
权重	0.1123	0.1238	0.1504	0.0967	0.1201	0.1069	0.0824	0.1018	0.1056

5.1.1.2 结果与分析

土地承载力评价结果分级的主要目的是为了使土地承载力评价的结果更加清晰、准确、更有针对性；同时，也可以全面反映都市区土地承载力的现状程度。本书参考了现有研究文献，认为各等级的划分标准见表5-3。

表5-3 都市区土地承载力分级

分值	0.8~1	0.6~0.8	0.4~0.6	0.2~0.4	0~0.2
等级	高承载力	较高承载力	一般承载力	较低承载力	低承载力

利用《重庆统计年鉴》和TM影像解译数据通过运用上述方法模型及大量的数据运算，可以得到重庆都市区2004~2015年三期土地承载力的评价值及各区排序，具体见表5-4、表5-5、表5-6。

表5-4 重庆都市区2004年土地承载力评价值及排序

	渝中	南岸	江北	北碚	巴南	渝北	大渡口	九龙坡	沙坪坝
评价值	0.56	0.74	0.73	0.77	0.78	0.73	0.76	0.68	0.72
排序	9	4	6	2	1	5	3	8	7

表5-5 重庆都市区2010年土地承载力评价值及排序

	渝中	南岸	江北	北碚	巴南	渝北	大渡口	九龙坡	沙坪坝
评价值	0.46	0.66	0.64	0.71	0.69	0.59	0.72	0.58	0.64
排序	9	4	5	2	3	7	1	8	6

表5-6 重庆都市区2015年土地承载力评价值及排序

	渝中	南岸	江北	北碚	巴南	渝北	大渡口	九龙坡	沙坪坝
评价值	0.31	0.54	0.54	0.64	0.60	0.38	0.73	0.43	0.53
排序	9	5	4	2	3	8	1	7	6

通过分析表5-4可知，2004年，重庆都市区由于先天地理地形条件的限制，土地承载力在高承载力范围的区为0个；土地承载力位于较高承载力的区有8个，即渝中区以外的其他8个区；渝中区的土地承载力评价值为0.56，是都市9区中评价值最低的区；土地承载力评价值最高的区为巴南区，其评价值达到0.78。

通过分析表5-5可知，2010年重庆都市区土地承载力整体有所下降，土地承载力位于较高水平的有6个区，依次是大渡口区、北碚区、巴南区、南岸区、江北区和沙坪坝区；渝中区、渝北区和九龙坡区土地承载力水平为一般。

通过分析表5-6可知，2015年重庆都市区土地承载力整体依然呈现下降趋势，土地承载力位于较高水平的区有3个，依次是大渡口区、北碚区及巴南区；土地承载力位于一般水平的有4个，分别是江北区、南岸区、沙坪坝区及九龙坡区；土地承载力位于较低水平的区有2个，依次是渝北区和渝中区。

通过分析对比，重庆都市区2004年、2010年以及2015年三期土地资源承载力分级如图5-1所示。

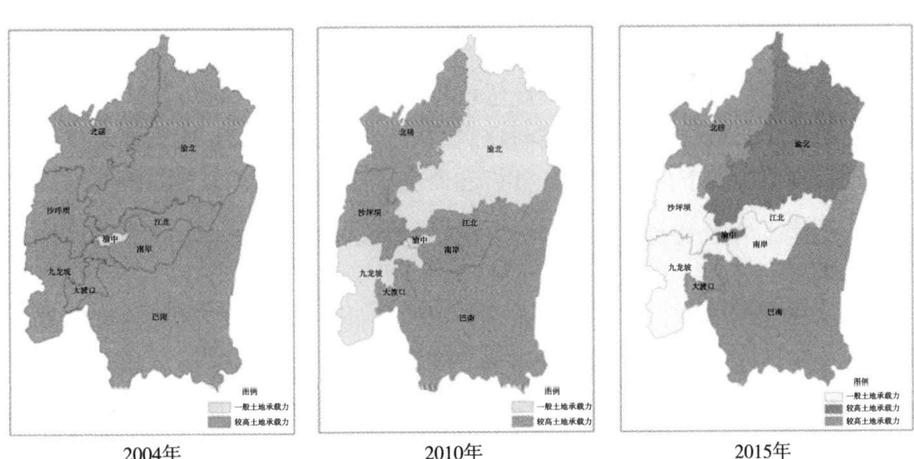

图5-1　重庆都市区2004~2015年土地资源承载力分级

5.1.1.3　结论

通过对三个时期都市9区的土地资源承载力进行分析，可以得知每个区的土地资源承载力指数都有不同程度的下降，综合来看，2015 年都市区平均土地资源承载力为 0.52，为一般承载力水平；2004 ~2015 年，都市区土地资源承载力下降了 27.24%，这与近些年城镇化速度加快，人口规模、人口密度与土地开发经济强度等不断攀升密不可分。因此，基于山地城市土地资源的有限性，随着城镇化的进一步推进，都市区空间有进一步扩展的需求，以承载更大的人口和经济规模。

5.1.2 生态安全需求

都市区发展过程中的生态消耗会越来越大，因此，生态安全也是都市区扩展中需要考虑的重要因素之一。

5.1.2.1 评价数据来源及方法

以 2004 年、2010 年以及 2015 年的数据为基础，主要的研究内容如下：首先，从生态敏感性、生态弹性及生态压力三方面选取评价指标，构建重庆都市区生态脆弱性评价指标体系；其次，基于 TM 遥感解译数据、统计年鉴数据以及重庆市公布的环境监测数据，在 3S 的技术支撑下，建立了重庆都市区生态脆弱性评价因子数据库；再次，采取综合指数法对都市区生态脆弱性进行定量评价；最后，在生态脆弱性定量评价的基础上，对重庆都市区生态脆弱性程度在空间上的分布进行分析和研究。由此，根据本书的研究内容和意义，构建了重庆都市区生态脆弱性评价指标体系，选取了生态脆弱性评价方法及模型。

（1）生态敏感度评价模型：生态敏感性评价是为了明确区域内可能发生的主要生态问题的类型与可能性大小，同时明确生态环境问题可能发生的地区与可能发生的程度。其实质是在不考虑人类活动影响的前提下，评价具体的生态过程在自然状况下潜在的产生生态环境问题的可能性大小，当受到人类不合理活动影响时，敏感性高的区域就容易产生生态环境问题。一般而言，区域生态环境对于外界干扰的敏感程度总是同时取决于多方面的因素，假设生态系统的敏感程度取决于 A_1，A_2，A_3，…，An 等 n 个因子，则该生态系统的敏感程度指数（ecological sensitivity index，ESI）的计算公式可表达为：

$$ESI = f(A_1, A_2, A_3, \cdots, A_n) \tag{5-7}$$

对于研究区来说，已发生的生态问题主要有水土流失、土壤侵蚀、盐渍化、石漠化以及地质灾害等。生态敏感度计算公式可以表达为：

$$ESI = \sum_{i=1}^{n} S_i \times W_i \tag{5-8}$$

其中，ESI 为生态敏感性指数；S_i 为研究区生态系统中可能发生的生态环境问题的易发程度；W_i 为潜在生态问题 i 所对应的权重值。

从公式可以看出，生态系统敏感性的大小取决于生态脆弱性评价敏感性因子敏感值的大小和各因子所对应的权重值。ESI 值越大，表示生态系统越敏感；生态系统越敏感，其潜在生态脆弱程度越大。

（2）生态弹性度评价模型：对区域生态环境进行生态弹性评价的目的是明确不同脆弱生态类型的生态弹性的差异，这是对脆弱生态环境进行综合整治和生态保护的科学基础。一般来说，生态弹性与生态系统脆弱性成反比，也就是说，生态弹性越大，生态脆弱性越小，反之亦然；因此，对于脆弱生态系统，需要因地制宜地设法提高其生态系统的生态弹性限度。

生态系统弹性的高低也取决于多方面的因素，假设生态系统的弹性取决于 B_1，B_2，B_3，…，B_n 等 n 个因子，则该生态系统的弹性度（ecological elasticity index，EEI）的计算公式可表达为：

$$EEI = f(B_1, B_2, B_3, \cdots, B_n) \tag{5-9}$$

相关研究表明，生态弹性的大小与生态系统的结构以及生态系统的成分密切相关。综合以上要素基本上可以反映区域生态系统弹性力的大小。生态弹性指数的计算公式如下：

$$EEI = \sum_{i=1}^{n} B_i \times W_i \tag{5-10}$$

其中，EEI 为生态弹性指数；B_i 为研究区生态系统弹性特征要素，包括地形土壤、地貌、水文、植被以及气候；W_i 为要素 i 所对应的权重值。

从上述公式中可见，生态弹性的大小取决于生态弹性因子的弹性分值大小和各因子的权重值。EBI 越小，表示生态系统弹性越小，生态的脆弱性越高。

（3）生态压力度评价模型：生态压力是指生态系统在发挥生态服务功能

时，所面临的外来压力的大小。因为人类是环境的主体和核心，生态环境面临的压力与人类活动方式、强度与规模等因素密切相关。生态系统面临的压力是客观存在的，假设生态系统的压力有 C_1，C_2，C_3，…，C_n 等 n 个因子，则该生态系统的压力度指数 EPI（ecological pressure index）的计算公式可表达为：

$$EEI = f(C_1, C_2, C_3, \cdots, C_n) \tag{5-11}$$

人类对生态环境带来压力、促使生态环境恶化的表现有很多种，但归根结底是由于人口的增长以及在满足人类社会发展中的诸多不合理资源利用方式造成的。因此，生态压力指数可以通过人口规模和资源环境的利用形式来反映。那么，生态压力指数的计算公式如下：

$$EPI = \sum_{i=1}^{n} C_i \times W_i \tag{5-12}$$

其中，EPI 为生态压力度指数；C_i 为研究区生态系统面临的压力因子；W_i 为压力因子 i 所对应的权重值。

（4）生态脆弱性综合评价模型：本书中对生态环境脆弱性的评价采用综合指数法，体现出生态环境评价的综合性、整体性和层次性。综合指数法首先就各个因子对质量状况的贡献大小进行综合分析，在分别进行生态敏感性、生态弹性和生态压力单项评价的基础上，通过公式来计算研究区生态环境脆弱性指数，生态脆弱度指数的计算公式为：

$$EFI = \sum_{i=1}^{j} C_i \times W_i \tag{5-13}$$

其中，EFI 代表生态脆弱度指数；C_i 为指标的标准值（包括生态敏感度指数、生态弹性度指数及生态压力度指数）；W_i 为指标权重；j 为指标的个数（本书指标个数 j = 3）。

根据生态脆弱性的成因可知，生态敏感性、生态弹性和生态压力三者对生态脆弱性的贡献程度是不同的，前二者是生态脆弱性评价的正向指标（即二者的分值与生态脆弱性程度成正比）；生态弹性在生态脆弱性评价中属于逆向指标（也就是说，EEI 的分值与生态脆弱性程度成反比）。因此，在对研究区生态脆弱性进行综合评价之前，需要将生态脆弱性、生态弹性以及生态压力这三个指数进行标准化（本书采用极差标准化方法对指数进行标准化）。

（5）指标体系及权重：构建指标体系时，主要依据指标体系的构建原则以及对重庆都市区生态环境特征的辨识，再选取能够代表和反映生态敏感性、生态弹性和生态压力本质特性的具体评价指标，构建包含不同层次的评价指标体系。第一层次是目标层，即区域生态环境脆弱度状况；第二层次是分目标层（评价系统），该层的指标为宏观性指标，代表衡量生态脆弱性的因素主要包含的方面；最后一层是次准则层，该层的指标为进行生态脆弱性评价的具体分类指标。

由于重庆都市区生态脆弱性评价具有多层次、多目标的特点，经综合分析研究，选取层次分析法计算各评价指标的权重值。在区域生态脆弱性评价的指标层中，将各因子相对于评价系统层的重要性进行相互比较，将比较结果建立判断矩阵，再计算判断矩阵的最大特征根和特征向量，特征向量中的各个元素即为相对应的评价指标的权重。之后，进一步在评价系统层上计算出其对评价目标层的权重值，将评价指标层的权重矩阵与评价系统层的权重值相乘，可以得到评价目标层的权重，见表5－7。

表5－7　　　　重庆都市区生态脆弱性评价指标体系及权重

目标层	评价系统	权重	准则层	权重	评价指标	权重
A 生态脆弱性	B_1 生态敏感度	0.5	C_{11} 水土流失敏感性指数	0.45	D_{111} 土地利用类型	0.65
					D_{112} 地形坡度	0.35
			C_{12} 石漠化敏感性指数	0.45	D_{121} 是否喀斯特地貌	0.45
					D_{122} 地形坡度	0.25
					D_{123} 植被覆盖度	0.3
			C_{13} 地质灾害敏感度指数	0.1	D_{13} 地灾分布	1
	B_2 生态弹性度	0.25	C_{21} 组织指数	0.65	D_{21} 植被覆盖度	1
			C_{22} 功能指数	0.35	D_{22} 年降水量	1
	B_3 生态压力度	0.25	C_{31} 人口压力指数	0.4	D_{31} 人口密度	1
			C_{32} 社会经济发展压力指数	0.4	D_{321} 经济发达指数	0.2
					D_{322} 路网密度	0.4
					D_{323} 建设用地比例	0.4
			C_{33} 资源环境压力指数	0.2	D_{331} 陡坡垦殖率	0.4
					D_{332} 农用地比例	0.6

5.1.2.2 结果与分析

（1）生态脆弱性分级。生态脆弱性评价结果分级的主要目的是为了使生态脆弱性评价的结果更加清晰、准确、有针对性；同时，也可以全面反映研究区生态环境脆弱性程度，以便更有针对性地提出生态恢复和生态治理的建议。本书在对单项指标的分析过程中采用了相对评价的方法，这个方法得到的评价结果，可以获得研究区范围内所有评价单元的平均生态环境脆弱性指数。由于评价结果主要反映出来的是区域生态环境的脆弱性程度，所以分值的高低反映了研究区生态环境脆弱性程度。为了使评价结果更直观，按照生态脆弱度指数从高到低划分为五级。参考乔青2007年的《川滇农牧交错带景观格局与生态脆弱性评价》一文，各等级划分标准和生态脆弱性特征见表5－8。

表5－8 都市区生态脆弱性划分标准

脆弱性分级	脆弱性指数	生态环境特征
一般脆弱区	<20	生态系统无明显脆弱因子，抵抗干扰能力和自我恢复能力强，面临的生态压力很小；生态承载力高，适合人类进行合理的资源开发和利用活动，能够实现环境资源和经济社会的协调发展
低度脆弱区	20～40	生态系统敏感度相对较低、生态系统的弹性度较高，抵抗干扰和自我恢复能力强，面临的生态压力相对较小；区域内无明显的生态问题，但存在一定的潜在问题发生的可能性；生态承载力较高，可支撑人类社会进行合理的生活生产活动
中度脆弱区	40～60	生态系统的敏感程度较低，生态弹性较高或者属于中等水平，面临的生态压力不是很大；在外界干扰来临时，生态问题发生的概率较大；但生态环境系统具有良好的自我恢复功能，若消除干扰，并加以人类合理的保护，可以恢复到原有的生态功能
高度脆弱区	60～80	生态系统的生态敏感性较高，面临的生态压力较大，生态弹性相对较低；区域内有明显的生态环境问题，也存在潜在的生态风险；生态系统对外界干扰的反抗能力较小，自我恢复能力薄弱；可承载的人类活动的强度小
极度脆弱区	>80	区域生态系统敏感性高、对外界干扰的抵抗力十分薄弱；生态问题严重，土地退化问题突出，人类的生存和社会经济的发展已经受到相当大的影响

（2）结果分析。利用《重庆统计年鉴》和 TM 影像解译数据通过运用上述方法模型及大量的数据运算，可以得到重庆都市区 2004 ~ 2015 年三期生态脆弱性的评价值及各区排序，具体见表 5 – 9、表 5 – 10、表 5 – 11，以及图 5 – 2。

表 5 – 9　　重庆都市区 2004 年生态脆弱性评价值及排序

	渝中	南岸	江北	北碚	巴南	渝北	大渡口	九龙坡	沙坪坝
评价值	88	44	46	38	35	32	54	52	45
排序	1	6	4	7	8	9	2	3	5

表 5 – 10　　重庆都市区 2010 年生态脆弱性评价值及排序

	渝中	南岸	江北	北碚	巴南	渝北	大渡口	九龙坡	沙坪坝
评价值	87	46	54	38	35	33	60	55	46
排序	1	6	3	7	8	9	2	3	5

表 5 – 11　　重庆都市区 2015 年生态脆弱性评价值及排序

	渝中	南岸	江北	北碚	巴南	渝北	大渡口	九龙坡	沙坪坝
评价值	89	52	62	40	36	40	64	61	51
排序	1	5	3	7	9	8	2	4	6

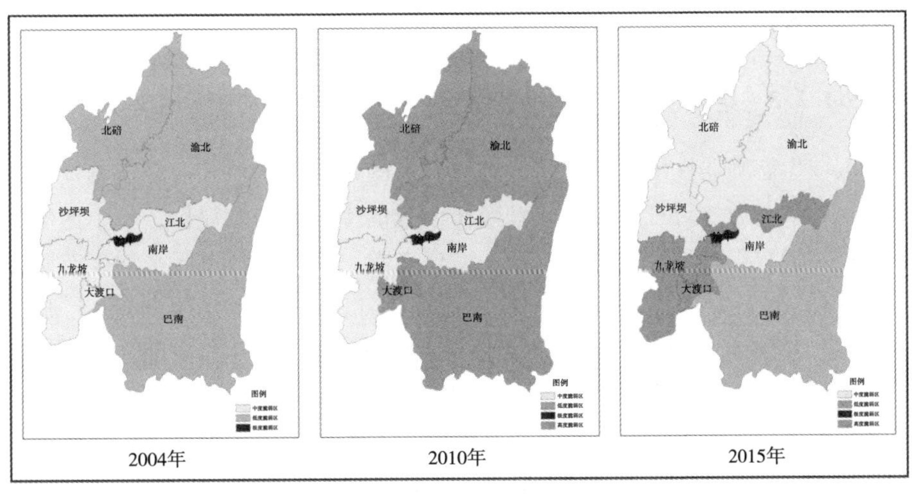

图 5 – 2　重庆都市区 2004 ~ 2015 年生态脆弱性分级

通过分析表 5 - 9 可知，2004 年重庆都市区生态脆弱性评价值总体较低，生态维持较好，仅有渝中区的生态脆弱性评价值处于极度脆弱区，生态脆弱性处于中度脆弱区的有大渡口、九龙坡、南岸区、江北区以及沙坪坝区 5 个区；其他 3 个区处于低度脆弱区。

通过分析表 5 - 10 可知，2010 年重庆都市区生态脆弱性评价值整体有所上升，渝中区依然处于生态极度脆弱区，生态脆弱性处于中度脆弱区的有大渡口、九龙坡、南岸区、江北区以及沙坪坝区 5 个区。

通过分析表 5 - 11 可知，2015 年重庆都市区生态脆弱性评价值整体依然呈现上升趋势，生态脆弱性处于极度脆弱区的有渝中区，大渡口区生态脆弱性上升为高度脆弱区，生态脆弱性评价值处于中度脆弱区的个数上升为 5 个，它们依次是江北区、九龙坡区、南岸区、沙坪坝区以及北碚区；巴南区和渝北区由于地域范围广阔，农用地保有量多，其生态保持相对较好。

通过分析对比，重庆都市区 2004 年、2010 年以及 2015 年三期生态脆弱性评价结果分级如图 5 - 2 所示。随着重庆都市区社会经济的快速发展，城市用地的不断扩张，且城市生态系统结构和功能单一，稳定性差，抗外界干扰能力不强，在城市生活污染增加以及植被退化等高强度的干扰下，生态系统短时间内难以适应，其内部平衡容易失调，呈现出大幅退化的趋势，并且该区生态问题复杂，恢复难度极大，其生态脆弱性不断加重，因而重庆都市区 2004 ~ 2015 年都市区各区的生态脆弱性不断增强，并且低脆弱性区域不断向高脆弱性区域演变。

5.1.2.3 结果

区域生态脆弱性的不断增强，将对人类的生存和区域社会经济的发展造成严重后果。通过对三个时期都市区 9 个区的生态脆弱性评价，每个区的生态脆弱性指数都有不同程度的上升，综合来看，2015 年都市区平均生态脆弱性为 55，处于中度脆弱区，2004 ~ 2015 年，都市区生态脆弱性上升了 14.06%，这与近些年城镇化速度加快，人口规模增大、生态空间占用与土地开发经济强度等不断攀升密不可分。因此，基于山地城市生态脆弱性，随着城镇化的进一步推进，都市区空间有降低生态脆弱性的需求，以承载更大的人口和经济规模。合理调整都市区发展边界问题亟待研究。

5.2 都市区发展空间扩展需求分析

5.2.1 经济发展推动

经济发展是城市土地扩张的主要驱动因素，是城市空间拓展的主导驱动力。经济总量的快速增长不断拓展城市发展空间，并引起城市空间形态的变化。

重庆是西部地区的国家级中心城市，是重要的增长极。直辖以来，重庆经济快速发展，经济结构不断优化，特别是两江新区、保税港区、综合保税区的建设进一步加速了重庆经济的发展。全市地区生产总值由1997年的1509.75亿元增加到2015年的15717.27亿元，年均增长14.78%，增长了10.41倍；人均地区生产总值由1997年的5253元增加到2015年的52322元，年均增长14.78%，增长了9.96倍；三次产业结构由1997年的20.3：43.1：36.6调整为2015年的7.3：45.0：47.7；全社会固定资产投资由1997年的370.95亿元增加到2015年的15480.33亿元，年均增长24.54%，增长了41.73倍；社会消费品零售总额由1997年的568.19亿元增加到2015年的6424.02亿元，年均增长15.33%，增长了11.31倍。重庆市经济发展概况见表5－12。

表5－12　重庆市经济发展概况

年份	地区生产总值（亿元）	人均地区生产总值（元）	三次产业比值	全社会固定资产投资（亿元）	社会消费品零售总额（亿元）
1997	1509.75	5253	20.3：43.1：36.6	370.95	568.19
1998	1602.38	5579	18.8：42.2：39.0	498.15	619.40
1999	1663.20	5804	17.2：42.0：40.8	562.87	667.01
2000	1791.00	6274	15.9：42.4：41.7	655.81	719.95
2001	1976.86	6963	14.9：42.6：42.5	801.82	782.31
2002	2232.86	7912	14.2：42.9：42.9	995.66	853.60
2003	2555.72	9098	13.3：44.4：42.3	1269.35	934.67
2004	3034.58	10845	14.1：45.4：40.5	1621.92	1068.33

续表

年份	地区生产总值（亿元）	人均地区生产总值（元）	三次产业比值	全社会固定资产投资（亿元）	社会消费品零售总额（亿元）
2005	3467.72	12404	13.4∶45.1∶41.5	2006.32	1227.81
2006	3907.23	13939	9.9∶47.9∶42.2	2451.84	1431.51
2007	4676.13	16629	10.3∶46.7∶43.0	3161.52	1711.12
2008	5793.66	20490	9.9∶44.6∶45.5	4045.25	2147.12
2009	6530.01	22920	9.3∶45.0∶45.7	5317.92	2515.02
2010	7925.58	27596	8.6∶44.6∶46.8	6934.80	3051.11
2011	10011.37	34500	8.4∶44.6∶47.0	7685.87	3782.33
2012	11409.60	38914	8.2∶45.4∶46.4	9380.00	4402.99
2013	12783.26	43223	7.8∶45.5∶46.7	11205.03	5055.77
2014	14262.60	47850	7.4∶45.8∶46.8	13223.75	5710.67
2015	15717.27	52322	7.3∶45.0∶47.7	15480.33	6424.02

资料来源：历年《重庆统计年鉴》。

都市区作为重庆经济发展的主战场，经济一直保持较快的增长态势，辐射作用不断增强。1997～2015年，都市区地区生产总值由472.32亿元增长到6861.01亿元，增长了14.53倍，年均增速为17.05%，总体来看，年均增速保持在两位数以上，虽然2012～2015年增长率略有下降，但增长速度仍保持在10%左右。同期，人均地区生产总值由9445元增长到82973元，增长了8.78倍，总体来看，人均地区生产总值的增长率低于地区生产总值增长率2个百分点左右，但也保持了较快的增长速度。都市区作为重庆打造国家级中心城市的核心功能载体，未来仍将在一定时期内保持较高的增长速度。重庆都市区经济发展概况见表5－13。

表5－13　　重庆都市区经济发展概况

年份	地区生产总值		人均地区生产总值	
	绝对值（亿元）	增速（%）	绝对值（亿元）	增速（%）
1997	472.32	—	9445	—
1998	499.73	5.80	9435	－0.11
1999	528.44	5.75	9895	4.88
2000	580.63	9.88	10815	9.30

续表

年份	地区生产总值		人均地区生产总值	
	绝对值（亿元）	增速（%）	绝对值（亿元）	增速（%）
2001	655.62	12.92	12124	12.10
2002	768.10	17.16	14052	15.90
2003	887.01	15.48	14397	2.46
2004	1041.98	17.47	16703	16.02
2005	1294.73	24.26	20266	21.33
2006	1514.73	16.99	23224	14.60
2007	1793.37	18.40	26956	16.07
2008	2189.94	22.11	32299	19.82
2009	2901.58	32.50	42085	30.30
2010	3490.83	20.31	46809	11.22
2011	4368.49	25.14	57553	22.95
2012	5016.49	14.83	63999	11.20
2013	5532.93	10.29	68994	7.80
2014	6288.15	13.65	77273	12.00
2015	6861.01	9.11	82973	7.38

注：都市区包括渝中区、沙坪坝区、江北区、南岸区、大渡口区、九龙坡区、渝北区、巴南区、北碚区9个区。

经济的快速发展使都市区在空间拓展方面的需求不断增加，成为都市区空间拓展的基本动力。重庆城市建成区的面积从1997年的124.86平方千米增加到2015年的721平方千米，增长了5.77倍，地区生产总值增长了10.41倍，人均地区生产总值增长了9.96倍，地区生产总值增长了14.83倍，人均地区生产总值增长了8.78倍。经济发展与都市区建成区面积的增加趋势相同，经济总量增长带动了都市区用地空间的不断扩张。

经济的快速发展及其带来的消费水平的提高，是影响城市空间规模与发展速度的重要因素。目前，重庆正处于工业化中期阶段，是进行人口和功能疏解的最佳时期，城市空间快速增长。都市区作为重庆经济最发达、城镇最密集、人口和产业集聚程度最高的区域，必须及时疏解人口和产业，预留战略功能空间。因此，顺应重庆经济发展需求，拓展都市区发展边界，构建高效空间结构，是保障都市区空间有序建设的必然要求，也是实现重庆经济长效发展的客观要求。

5.2.2 人口规模推动

人口增长是都市区空间拓展的重要影响因素之一，是都市区土地扩张的主要驱动因素。人口规模的扩大必然使居民对住房、交通和公共设施等在空间上的需求扩大，同时，人口流动引起的社会资源流动也会导致都市区空间用地的变迁。

直辖以来，重庆市人口规模持续增长，截至2016年底，全市常住人口达到3016.6万人，总量居全国第20位，增量居全国第15位。人口变化呈现市内人口净流出减少、市外人口净流入增加的特征，城市吸引力和集聚力不断增强。2015年，全市净流出人口355.3万人，比2014年减少28.5万人；全市外出至市外人口505.5万人，比2014年减少24.6万人；同期，全市净流入外来人口150.2万人，比2014年增长3.9万人。从数据看，人口回流特征较为明显，且流入人口与流出人口相比，呈现年龄偏低、学历层次更高、消费能力较强的年轻化趋势。

同时，都市区和渝西地区人口增长提速，2016年常住人口1930.4万人，约占全市常住人口数量的64%，比2014年增加32.3万人，高于近10年27.2万人的平均水平，增速明显加快。同期，渝西地区常住人口1095.6万人，比2014年增加16.4万人，是全市常住人口增加最多的区域，渝西地区也首次超过渝东北地区与渝东南地区的人口总量。相比而言，渝东北、渝东南常住人口1086.1万人，比2014年减少7.1万人。重庆市常住人口变化情况见表5－14。

表5－14　重庆市常住人口变化情况

年份	全市		都市区		
	绝对值（万人）	增速（%）	绝对值（万人）	增速（%）	占比（%）
1997	2873.36	—	—	—	—
1998	2870.75	－0.09	—	—	—
1999	2860.37	－0.36	—	—	—
2000	2848.82	－0.40	—	—	—
2001	2829.21	－0.69	—	—	—
2002	2814.83	－0.51	—	—	—
2003	2803.19	－0.41	617.83	—	22.04

续表

年份	全市		都市区		
	绝对值（万人）	增速（%）	绝对值（万人）	增速（%）	占比（%）
2004	2793.32	-0.35	627.16	1.51	22.45
2005	2798.00	0.17	645.51	2.93	23.07
2006	2808.00	0.36	658.96	2.08	23.47
2007	2816.00	0.28	671.62	1.92	23.85
2008	2839.00	0.82	684.41	1.90	24.11
2009	2859.00	0.70	694.49	1.47	24.29
2010	2884.62	0.90	745.76	7.38	25.85
2011	2919.00	1.19	772.31	3.56	26.46
2012	2945.00	0.89	795.36	2.98	27.01
2013	2970.00	0.85	808.53	1.66	27.22
2014	2991.40	0.72	818.98	1.29	27.38
2015	3016.55	0.84	834.82	1.93	27.67

资料来源：历年《重庆统计年鉴》。

随着都市区经济实力的不断增强，区域内常住人口不断增长，人口增长率高于全市增长率，凸显了人口集聚能力。2003～2015年，都市区的常住人口由617.83万人增至834.82万人，占全市常住人口的比例不断增加，2015年已达到27%以上，常住人口增长率保持在1%以上。同期，都市区建设用地面积从2003年的580.88平方千米上升到2015年的884.24平方千米，人口增长与都市区空间总体保持一致增长态势，呈现同向递增趋势，人口规模的扩大促使都市区用地空间进一步扩张。

重庆作为西部地区的国家级中心城市，具有强大的吸引力，人口在过去的20年里呈现快速增长态势，并且这一增长态势在未来一段时期内仍将持续。适度的人口增长态势有助于强化重庆作为国家级中心城市的人口集聚效应，持续释放消费潜力，繁荣产业发展，但是人口长时间大量聚集将导致人口规模和用地规模不断扩大并引发或加重一系列城市病。伦敦、东京等发达国家的世界大都市都曾经历因人口过度密集而带来的城市病，并为此付出了巨大的代价。都市区现有空间范围已无法承载人口快速增长和集聚的压力，只有适应人口变化规律，扩大都市区发展边界才能避免或减轻城市病，实现都市区的可持续发展。

5.2.3 交通发展推动

交通发展能够促进都市区空间拓展并改变都市区外部形态，对都市区空间拓展具有指向性作用，是都市区空间拓展的重要动力，在很大程度上决定着都市区的空间拓展方向和发展格局。交通线路作为都市区空间发展的重要轴线，能够加强都市区的空间联系，使分散的空间成为有机整体，为都市区由集中走向分散、由市中心化走向郊区化提供了可能。重庆都市区空间演化特征的分析表明，都市区空间扩张趋向于向交通设施靠近，且沿交通轴线扩展。因此，交通方式的改进和交通轴线的扩展对都市区空间规模的扩大具有显著的促进和引导作用。

“十三五”期间，重庆将重点建设高速铁路、高速公路、长江航道等对外通道体系和城市轨道、市郊铁路、通用机场、城市通道等功能网络体系，加快轨道交通、市郊铁路向渝西地区延伸，不断完善交通网络体系。规划新增铁路里程 1000 千米，总里程超过 2500 千米，建设“米”字形高铁网；新增高速公路通车里程 1000 千米，总里程超过 3500 千米，形成“三环十二射多联线”的高速公路网络，实现市域内所有区县高速公路全部通达；新增城市轨道交通营运里程 200 千米，总里程达到 415 千米，在都市区建成“一环八线”的城市轨道交通网。规划开行城际列车线路，打通联系都市区与周边腹地主要城市的高等级交通联系，构建与周边重点城市联系的城际铁路网和高等级公路网。重庆都市、江津、璧山等地区将依托轨道交通和骨架快速网的高效连接建立快速公共交通网络，渝西地区将依托国铁干线、市郊铁路、高速公路等网络化综合交通，实现渝西地区与都市区“一小时”互通，形成“内轨外铁”的交通网络。

重庆将以城际铁路、市郊铁路和城市轨道为骨干的便捷快速交通体系实现区域间交通联系的高效化，推动城市的连片发展。都市区作为重庆综合交通枢纽核心功能的主要载体，交通体系的完善必然加快城市连片发展，使都市区边界扩张成为可能。根据国际大都市区形成的经验，以城市轨道和市郊铁路等快捷交通为主的高效便捷的公共交通体系能够加强城市间的联系，是大都市区形成的有力支撑。因此，随着重庆交通体系的发展和完善，都市区发展空间半径将不断扩大，都市区发展边界拓展成为必然。

5.3 都市区发展功能扩展需求分析

5.3.1 国家战略定位的推动

直辖以来，重庆积极融入国家区域发展和对外开放战略格局，在国家发展战略中的地位不断提升，作为西部大开发的重要战略支点、“一带一路”和长江经济带的联结点、成渝经济区和成渝城市群的重要纽带，重庆在国家区域发展和对外开放格局中发挥独特而重要的作用。城乡统筹发展的国家级中心城市和长江上游地区经济中心、国家重要现代制造业基地、国内重要功能性金融中心、西部创新中心、内陆开放高地的战略定位使重庆承载着带动长江经济带、长江上游地区及我国西部地区发展的重要使命。随着“两点”“两地”战略定位的提出，重庆要充分发挥西部大开发重要战略支点、“一带一路”和长江经济带联结点的特殊区位优势，建设“内陆开放高地”和“山清水秀美丽之地”，增强综合实力、辐射带动力和生态竞争力，在国家区域发展和对外开放格局中发挥独特而重要的作用。

整体来看，目前重庆空间结构呈现小中心、弱腹地的特征，小城市带大农村的现象仍然明显。都市区经济实力不强，辐射带动能力有限，建设用地面积严重不足，正处于“规模门槛”的跨越期，依托现有空间难以实现经济规模的扩张和功能的完善，无法承载国家赋予的战略使命。因此，在全新的战略定位下，扩大都市区发展空间，拓展城市功能范围，整合全域空间资源，将周边区县融入都市区发展范围，能够有效增强都市区整体经济实力，是重庆实现国家战略目标的必要措施和重要功能载体。

5.3.2 提升中心功能的推动

在快速城镇化发展的背景下，以大城市为核心构建得更为广阔的都市区地域范围是城市化发展的重要载体，也是未来城市发展最为活跃的地区。直辖以来，重庆城镇化水平不断提高，2015 年，全市常住人口城镇化率达到 60.9%，总体水平高于全国平均水平 4.8 个百分点，其中，渝西地区常住人口城镇化率 57.98%，城镇人口达到 635.2 万人，约占全市新增量的 48.8%，成为全市人口城镇化的主战场。预计到2020年，全市常住人口城镇化率将达到65%以上。

重庆都市区作为成渝城市圈的重要极核，城镇化率一直保持较高的水平。2003～2015年，都市区城镇化率由84.4%增长至88.6%，城镇化水平远高于同期全市城镇化水平城。重庆市城市化率变化情况见表5－15。近10年来，重庆年均镇人口增长规模为50万～60万人左右，都市区年均城镇人口增长规模为15万～20万人左右。按照规划发展要求，年均新增城市建设用地50～60平方千米可以避免城镇人口快速增长带来的城镇承载压力，能够较好地满足城市建设和发展需求。

表5－15　重庆市城市化率变化情况　单位:%

年份	全市	都市区	年份	全市	都市区
1997	31.0	—	2007	48.3	87.5
1998	32.6	—	2008	50.0	88.3
1999	34.3	—	2009	51.6	89.1
2000	35.6	—	2010	53.0	84.0
2001	37.4	—	2011	55.0	85.6
2002	39.9	—	2012	57.0	87.1
2003	41.9	84.4	2013	58.3	87.9
2004	43.5	85.1	2014	59.6	88.2
2005	45.2	86.2	2015	60.9	88.6
2006	46.7	86.8			

资料来源：历年《重庆统计年鉴》。

推进新型城镇化建设是重庆对接国家重大发展战略，落实国家重大决策的战略选择。随着重庆城镇化率的不断提升，人口、资本、服务业和工业等各种生产要素将进一步聚集，要素集聚的变化必将引起城市空间的变化和功能的调整。国际大都市的发展经验表明，在城市要素集聚过程中，构建由距离相近的大中小城市组成的大都市区，通过完善的市政基础设施连成一体，根据自身基础和特色，承担各自职能，在分工合作、优势互补中形成有效运行的城市体系，为不同人群、不同产业和经济社会活动等提供多元化的选择空间，不但可以大大减轻核心城市的各种压力，而且可以在与核心城市的互动中，形成合力，能够有效提升大都市区的整体竞争力。

在新型城镇化背景下，统筹建设都市区与渝西地区，构建定位明确、层次清晰、梯度分布的一体化发展大都市区，有利于进一步完善城市中心体系建设，完善城市功能，实现城镇化水平、质量、效率的同步提升，对于实现国家级中心城市的战略定位、完善城市功能具有重要意义。

5.3.3 完善服务功能的推动

根据国外大都市区的发展经验，大都市区在发育和演化的过程中，功能在空间上将出现重组，核心区域功能提档升级，外围地区将接替核心区域的部分城市功能。

重庆作为国家级中心城市、西部地区唯一的直辖市，随着未来城市功能的逐步完善，都市区的高端服务与创新制造等核心功能将进一步提升，服务能级和影响力也将不断提升。未来都市区将通过分工优化，形成互补联动、功能协调、有机融合的功能体系发展格局，不断提升服务能级。都市区将重点发展高端服务功能，一般功能将逐渐向渝西地区转移。都市区作为国家级中心城市主要功能的核心载体，将强化文化交往、金融商务、科技创新等核心功能，全面提升高端服务与创新制造等功能，促进城市功能转型，主要强化科技创新、物流贸易、综合枢纽、先进制造业等功能；渝西地区将积极承担都市区功能外溢，形成对都市区的有效支撑，主要强化物流贸易、产业集聚、综合枢纽等功能，接纳部分城市功能的转移，重点培育商贸服务、综合物流、职教研发等区域性服务功能。

国家"一带一路"倡议和长江经济带建设为重庆带来了巨大的发展机遇，国家级中心城市赋予都市区全新的服务功能内涵，都市区将承载金融商务、科技创新、文化交往、物流贸易、产业集聚、综合枢纽等功能。随着重庆国家级中心城市功能的逐步完善，区域组织功能需要在更大范围内进行整体考虑，在坚持既有功能导向不变的前提下，围绕重庆新的战略定位，提升都市区的引领功能，强化渝西地区的支撑功能，构建"内圈高端中枢职能、中圈服务与居住配套、外圈工业布局"的功能组织体系需要"都市区—渝西地区"的功能空间体系与之配套。

5.3.4 都市区产业空间拓展需求分析

5.3.4.1 产业多元化发展的客观要求

都市区空间演进的内在机理为规模报酬递增与空间交易成本的权衡。一般而言，产业发展初期存在规模报酬递增效应，当产业发展到一定程度后则会出现“规模报酬递减诅咒”。产业的多元化发展能够有效克服“规模报酬递减诅咒”，是区域产业发展的客观规律。然而，产业多元化发展带来的产业数量增加会使产业门类过于集中于某一区域而产生“拥挤效应”，使城区规模出现“不经济性”。因此，产业类型的多少决定了最优的城区规模，都市区发展空间范围必须与未来产业发展相配套。

未来重庆产业发展将紧扣供给侧结构性改革，加快推进产业转型升级，不断培育壮大区域优势主导产业。根据《中共重庆市委重庆市人民政府关于深化拓展区域发展战略的实施意见》，都市区将重点发展金融服务、国际商务、高端商贸、文化创意等现代服务业，渝西地区将着力建发展战略性新兴制造业、战略性新兴服务业和综合商贸物流业，重点打造全市重要的制造业基地，发展战略性新兴产业。产业多元化发展趋势对都市区空间范围提出了新的要求，都市区空间范围拓展是满足产业多元化发展、克服规模报酬递减、提升经济效益的客观要求。

5.3.4.2 构建产业发展新体系的需要

经济新常态下，经济结构的优化要求产业结构向高级化方向调整，进入以服务为主导的产业发展新阶段。重庆作为区域经济的重要增长极，必须准确把握新常态发展趋势，加快实现向高级阶段的产业结构转型发展，构建现代产业发展新体系。

随着产业梯度转移的加剧和重庆产业功能的优化升级，重庆主导产业已由直辖初的冶金、化工等传统工业，调整为技术含量更高的电子、汽摩、装备、材料等新型工业，但是产业体系仍存在一些问题。一是产业体系不完善，产业层级和水平有待提升，产业类型以嵌入型为主导，资源禀赋挖掘不足，国家级新区缺乏大型支柱型产业入驻；二是产业链不健全，支柱产业尚未形成完整的产业链，区域间产业链关系不明显，同类产业在空间上的集聚效应不明显，分工协作能力不强，主导产业圈层式布局特征不分明；三是各区县产业门类相似，产业差异化发展特征不明显，工业园区作为产业发展的主要载体，存在规模小、分布散等问题，尚未建立全域产业联动网络化集群，难以发挥产业集聚效应，不符合产业发展规律，导致区县产业发展缓慢、效率低下；四是服务业发展不发达，特别是生产性服务业发展滞后；五是产业发展仍以低附加值、低技术含量的加工组装生产环节为主，附加值不高。重庆都市区产业发展概况见表5－16。

表5－16　重庆都市区产业发展概况

年份	地区生产总值（亿元）	第一产业（亿元）	第二产业（亿元）	工业增加值（亿元）	第三产业（亿元）	三次产业比值
1997	472. 32	46. 03	253. 37	188. 30	172. 93	9. 7 : 53. 6 : 36. 6
1998	499. 73	41. 92	259. 5	192. 62	195. 45	9. 1 : 50. 6 : 40. 3
1999	528. 44	43. 75	268. 71	210. 34	215. 98	8. 3 : 50. 8 : 40. 9
2000	580. 63	43. 42	299. 25	236. 88	237. 97	7. 5 : 51. 5 : 41. 0
2001	655. 62	43. 01	330. 22	257. 21	282. 40	6. 6 : 50. 4 : 43. 1
2002	768. 10	45. 40	375. 75	294. 23	319. 05	6. 1 : 50. 8 : 43. 1
2003	887. 01	46. 81	448. 73	350. 18	357. 50	5. 5 : 52. 6 : 41. 9
2004	1041. 98	53. 65	537. 76	418. 22	414. 33	5. 3 : 53. 5 : 41. 2
2005	1294. 73	60. 27	563. 56	481. 99	670. 90	4. 7 : 43. 5 : 51. 8
2006	1514. 73	55. 31	678. 19	581. 00	781. 23	3. 7 : 44. 8 : 51. 6
2007	1793. 37	56. 59	852. 19	741. 22	884. 59	3. 2 : 47. 5 : 49. 3
2008	2189. 94	65. 61	1073. 15	941. 55	1051. 18	3. 0 : 49. 0 : 48. 0
2009	2901. 58	68. 17	1502. 95	1312. 18	1330. 46	2. 3 : 51. 8 : 45. 9
2010	3490. 83	75. 19	1870. 61	163. 645	1545. 03	2. 2 : 53. 6 : 44. 3
2011	4368. 49	89. 76	2298. 60	1974. 82	1980. 13	2. 1 : 52. 6 : 45. 3
2012	5016. 49	97. 48	2473. 66	2100. 38	2445. 35	1. 9 : 49. 3 : 48. 7
2013	5532. 93	102. 06	2552. 30	2158. 70	2878. 57	1. 8 : 46. 1 : 52. 0
2014	6288. 15	102. 38	2515. 53	2082. 24	3670. 24	1. 6 : 40. 0 : 58. 4
2015	6861. 01	107. 91	2631. 52	2168. 03	4121. 58	1. 6 : 38. 4 : 60. 1

数据来源：历年《重庆统计年鉴》。

都市区作为重庆城镇化与工业发展的主战场，结合世界产业发展趋势，未来将构建“高端现代服务业—先进制造及创新产业—配套及一般产业”的产业新体系。都市区主要发展金融服务、国际商务、高端商贸、文化创意、都市旅游等现代服务业、建设中央商务区与若干新兴现代服务业集聚区，积极重点发展电子、汽摩、材料、航空设备、轨道交通设备等高端制造业，发展物流会展、仓储配送、软件研发、服务外包和服务贸易等区域综合性服务业；渝西地区重点发展综合化工、钢铁、装备、消费品、电子配套及汽摩零部件等大型制造业，发展综合性物流、休闲旅游、商贸、现代农业等支撑产业，形成由外到内技术含量与附加值逐级递增的产业空间结构。

产业新体系的构建需要与其配套的产业空间结构。都市区现有空间范围已无法满足产业新体系构建的要求，而产业新体系的构建必然会引起产业发展空间的拓展，促使都市区空间范围不断扩大。因此，构建涵盖都市区与渝西地区的产业发展空间，是构建产业新体系的客观要求，也是推动重庆产业战略转型的重要手段。

5.3.4.3 优化产业分工格局的客观要求

都市区是参与经济竞争的主要空间载体，是经济一体化背景下形成的区域经济产业构成单元。产业结构间的内在联系决定了相同产业类型的不同产业链的空间分布不会局限于特定的空间范围，而是要在更为广阔的空间范围内寻求统筹布局和分工协作。重庆都市区作为国家级中心城市和直辖市功能的核心空间载体，其空间范围远大于北京、上海、伦敦、巴黎等大都市区的空间规模，但目前重庆都市区发展尚存在功能分区不明确、产业定位不清晰等问题，导致重庆都市区内出现产业门类高度同质化及恶性竞争等现象。因此，为进一步提升重庆都市区的综合竞争实力、明确区域功能定位和产业分工，需要做好区域空间的预留和产业协调布局工作。

优化区域产业布局需要考虑产业空间与其他功能的互动关联，既要考虑生产空间、生活空间和生态空间的匹配与互动，也要考虑核心区服务化与外围工业化、服务业园区与工业园区的互动关联。未来都市区产业布局将呈现明显的区域相互协调、功能互补、优势集群等特征，并因距离的远近呈现圈层特征。都市区重点发展现代服务业，总部经济高地、金融核心区、高端商务商贸中心，将现代服务业作为产业发展方向，培育发展全牌照新兴金融服务业、服务外包、设计研发、咨询、法律等专业服务业；依托两江新区等重要平台，重点发展电子核心基础部件、物联网、机器人及智能装备、高端交通装备、新能源汽车及智能汽车、生物医药、新材料等战略性新兴制造业，发展城市配送及冷链服务、跨境电子商务及结算、保税商品展示及保税贸易、互联网云计算大数据、总部贸易和转口贸易等战略性新兴服务业，建设研发创新中心、战略性新兴制造业集聚区、综合商贸物流中心。渝西地区依托国家级高新区、综合保税区和市级工业园区，改造提升汽车、电子信息、装备、化工等优势产业，大力发展机器人及智能装备、高端交通装备、页岩气、化工新材料、生物医药、环保产业等战略性新兴产业，建设全市重要的制造业基地。

产业分工格局的完善，能够有效解决目前都市区发展中存在的问题，进一步完善区域功能定位，优化产业空间布局和资源要素配置，形成各功能区域产业融合联动发展的空间新格局，实现大都市区产业布局一体化，提升大都市区核心竞争力。产业分工格局的完善以产业空间扩张为支撑，产业空间扩张作为都市区空间拓展和结构优化的重要组成部分，必然会引起都市区发展边界的变化。

第6章　重庆都市区发展边界选择与划定研究

6.1　重庆都市区发展边界划定的基本要求

6.1.1　重庆都市区发展边界划定的原则

（1）以法律规章为依据，划定重庆都市区发展边界。随着城镇化的快速发展，城镇化空间拓展中出现的粗放和无序，国家对都市空间的治理越来越重视，先后出台了《中华人民共和国城乡规划法》《中华人民共和国土地管理法》等一系列涉及城乡建设用地管理、耕地和生态空间保护的法律法规。依法保护好这些生态敏感空间和战略性的土地资源，避免建设活动的侵蚀，就是城市开发边界的基本要求。因此，城市开发边界的划定，应紧紧围绕十八届四中全会提出的“依法治国”这一国家政治体制的改革方向，将依法依规贯穿到城市发展边界划定与实施的全过程。

（2）多规融合为基础，保障重庆都市区发展边界的科学性与准确性。重庆都市区发展边界的划定基础是依法依规对空间管制要素的整合与优化，以及各项相关法定规划的融合要求。因此，发展边界是多规融合内容的核心体现，也是多规融合得以实施的重要抓手之一。在充分梳理各部门的法定规划的基础上，提取各规划中相应的空间管制要素，依据相应的法律法规的控制要求进行分类叠合，最终以空间联系边界、产业融合边界、生态安全边界、城市空间拓展边界等叠合，即是都市区边界划定的核心依据。

（3）以清晰的行政事权为前提，保障重庆都市区发展边界政策实施。重庆都市区发展边界的实施工作应与管理事权及管理的方式相结合。其他国家已有相关实践。以瑞士、日本的空间规划体系为例，政府通过法律明确空间治理与规划编制管理的事权，保障不同层级的规划相互衔接，规划层层落实到地方，切实指导空间保护与发展。为此，应当认真考虑如何充分整合现有的政策工具，着眼于管理效率的提高，不断创新现有管理工具的内涵和应用范围，适应城乡空间发展与保护的实际需要。

（4）以地理信息平台为支撑，保障重庆都市区发展边界的高效划定与管理。重庆地理信息平台拥有完善的关于重庆市现状的地理信息数据基础，利用地理信息技术平台对管制分区的空间进行梳理，既解决了各项空间管制要素界限不清晰、不准确、不落地的问题，又为要素在空间上的统筹奠定了基础。此外，依托重庆市地理空间平台，可以建立对接规划审批系统的实施监控机制，对重庆都市区发展边界的管理提供强有力的技术支撑。

6.1.2　重庆都市区发展边界划定的思路

依据国内外的相关文献，结合重庆都市区的空间演变特征及发展需求分析，在渝西地区和都市区在建设用地拓展、都市功能、经济联系、基础设施完备、产业融合度、生态环境等现状评价基础上，对各类评价结果进行等级划分，并结合有关文献，选取评价级别较高的城镇的行政区界线，形成各类评价边界，即生态环境边界、都市功能联系边界、产业发展边界、用地拓展边界，进而依据各类边界，提取各规划中相应的空间管制要素，依据相应的法律法规的控制要求进行分类叠合，并依据各类边界权重进行图形叠加，形成基于现状评价的重庆都市区发展边界。在此基础上，本书结合现状边界，基于各类规划红线，对两者进行叠加形成基于规划预测的重庆都市区发展边界，技术路线如图6－1所示。

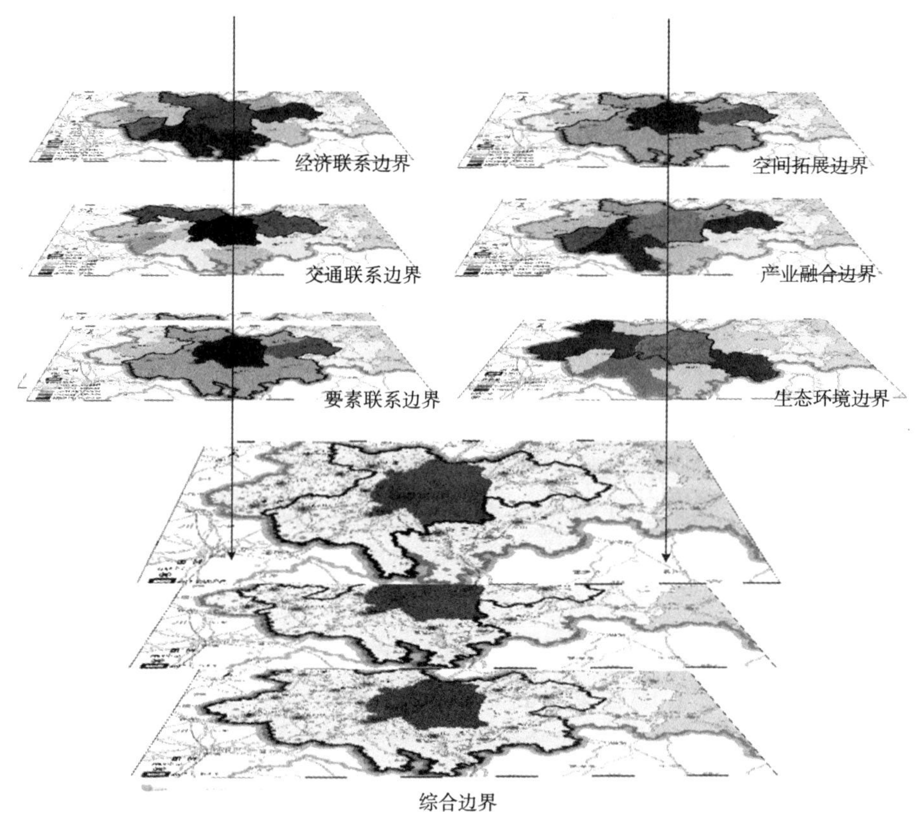

图 6－1 重庆都市区发展边界划定的技术路线

6.2 基于现状评价的重庆都市区发展边界的划定

6.2.1 基于生态安全的都市区发展边界选择

都市区发展边界的重新选择是促进区域内经济、社会、产业、人口以及功能协调发展的必经之路。当城市的规模及功能发展到一定程度时，其对城市本身所处地域的资源、生态及环境等方面将会提出新的要求，尤其是在生态方面。近年来，随着城市生态环境问题的日益突出，生态安全问题已经提高到了与政治安全、军事安全、经济安全等传统安全同等重要的高度，而对区域生态安全进行评价不仅能使人类重新认识区域生态现状，而且也能为合理划定都市区发展边界提供依据。

6.2.1.1　生态安全评价数据来源及方法

由联合国经济合作开发署建立的“压力—状态—响应”框架模型，从社会经济与环境有机统一的观点出发，表明了人与自然这个生态系统中各种因素间的因果关系，能更精确地反映生态系统安全的自然、经济和社会因素之间的关系，为生态安全指标的构造提供了一种逻辑基础。在该模型中，状态指标衡量人类行为导致的自然环境状况、状态的变化；压力指标可以表明生态环境问题的原因；响应指标则显示社会克服生态安全危机保障生态安全的能力。基于该框架模型，总体上可将评价指标体系归纳为由目标层、准则层、要素层和指标变量层构成的层次结构体系。实际上目标层是准则层、要素层及具体指标的概括。目标层即城市生态安全综合评价指数，依据此指数确定城市所处生态安全等级；准则层包括生态系统压力、生态系统状态和生态系统响应 3 个复合指标；要素层为 9 个复合指标；指标层为 18 项具体指标，详见表 6 - 1。

表 6 - 1　　　　渝西地区生态安全评价指标体系

目标层 A	准则层 B	要素层 C	指标层 D
生态安全评价综合指数	生态系统压力 B_1	人口压力 C_1	人口密度 D_1，人口自然增长率 D_2
		土地压力 C_2	城镇化率 D_3，生态红线范围面积比例 D_4
		经济压力 C_3	人均 GDP D_5，GDP 增长率 D_6
	生态系统状态 B_2	资源质量 C_4	植被覆盖率 D_7，水域面积比例 D_8
		环境质量 C_5	二氧化硫浓度 D_9，PM_{10}浓度 D_{10}
	生态系统响应 B_3	污染控制 C_6	工业固体废物综合利用率 D_{11}，工业废水排放达标率 D_{12}
		产业结构 C_7	第三产业产值占 GDP 比例 D_{13}，高新技术产业产值占工业总产值比例 D_{14}
		智力水平 C_8	学龄儿童入学率 D_{15}，万人在校大学生比例 D_{16}
		投入能力 C_9	环保投资占 GOP 比例 D_{17}，财政科技支出 D_{18}

从表 6 - 1 所建立的指标体系看，影响区域生态环境的经济和社会方面的指标较多，说明在区域生态系统中，人的主观能动性对城市生态环境具有决

定性的影响，人为因素是反映区域生态安全水平最重要的因素。

由于区域生态安全评价具有多层次、多目标的特点，经综合分析研究，选取层次分析法计算各评价指标的权重值。在区域生态安全评价的指标层中，将各因子相对于评价系统层的重要性进行比较，并将比较结果建立判断矩阵，再计算判断矩阵的最大特征根和特征向量，特征向量中的各个元素则为相对应的评价指标的权重。进一步在评价系统层上计算出其对评价目标层的权重值，将评价指标层的权重矩阵与评价系统层的权重值相乘，可以得到评价指标的权重。渝西地区生态安全评价准则层、要素层、指标层的权重情况分别见表6-2、表6-3、表6-4。

表6-2 渝西地区生态安全评价准则层权重

准则层	B_1	B_2	B_3
权重	0.25	0.5	0.25

表6-3 生态安全评价要素层权重

要素层	C_1	C_2	C_3	C_4	C_5	C_6	C_7	C_8	C_9
权重	0.3692	0.1616	0.4692	0.250	0.750	0.524	0.234	0.120	0.120

表6-4 渝西地区生态安全评价指标层权重

要素层	D_1	D_2	D_3	D_4	D_5	D_6	D_7	D_8	D_9
权重	0.64	0.36	0.48	0.52	0.66	0.34	0.72	0.28	0.53
要素层	D_{10}	D_{11}	D_{12}	D_{13}	D_{14}	D_{15}	D_{16}	D_{17}	D_{18}
权重	0.47	0.55	0.45	0.43	0.57	0.56	0.44	0.75	0.25

本书以《重庆统计年鉴》、DEM以及TM遥感影像为数据基础，在3S技术的支撑下，运用层次分析法以及判断矩阵确定权重的方法，得到渝西地区12个区县的生态安全评价值，具体评价值及区县排序见表6-5。

表6-5 2015年渝西地区生态安全评价值

	涪陵	长寿	江津	合川	永川	南川	綦江	潼南	铜梁	大足	荣昌	璧山
评价值	4.85	4.77	5.08	4.54	3.88	5.19	4.15	6.02	6.24	6.71	6.52	5.83
排序	8	9	7	11	12	6	10	4	3	1	2	5

从渝西地区各区县生态安全评价结果可以看出，12 个区县生态安全评价值总体相差不大，其中生态安全评价值最高的区县是大足区与荣昌区；生态安全评价值最低的区县是永川区与合川区。

6.2.1.2　基于生态安全评价的都市区发展空间扩展边界选择划分方法

基于生态保护与生态安全相关理论，生态系统安全性较好的区县可以作为区域生态屏障，增强区域生态安全总值；根据已有研究成果，并综合考虑各区县实际情况，本书将 5 作为生态安全的临界值，生态系统安全值处于 5 以下的区县暂不考虑纳入新的都市区发展范围。通过分析渝西地区各区县生态安全评价结果，将生态安全值相对稳定，且与都市区区位相对较近的区县作为近期重庆都市区空间一体化发展边界，即将江津区、潼南区、铜梁区、大足区、荣昌区、南川区的区域行政边界作为近期都市区生态安全拓展边界。

6.2.2　基于空间联系的都市区发展边界选择

城市是由多种复杂系统所构成的有机体，城市功能是都市存在的本质特征，是城市系统对外部环境的作用和秩序。城市主要功能涵盖生产服务、管理协调、集散创新，涉及都市功能的经济联系功能、基础设施服务功能、要素流的积聚与扩散功能，具有整体性、结构性、层次型与结构性等特点。城市一体化发展是当前城市发展的主要趋势，特别是在空间地域上，实现城市空间一体化发展的核心是产业一体化，协同基础设施建设，扩大都市群辐射的重要路径，同时也是划分都市群发展边界的重要依据。本章节研究的基本思路是在明确都市区功能内涵的基础上，选择空间经济联系模型、要素流模型和轨道交通多中心度模型，测评当前渝西地区各区县的经济发展、要素交换、基础设施建设的一体化程度，进而依据测评结果，形成各类边界图，并将图形进行权重叠加，最终形成基于现状评价的都市区发展功能联系边界。

6.2.2.1　都市区发展功能联系测评方法

当前研究城市群空间发展一体化的方法很多，依据城市群有关概念，学术界较为认可的方法主要包括以下 3 类。

（1）城市空间经济联系模型。该方法主要研究城市群经济空间联系水平及空间经济发展一体化程度。1942 年齐夫（Zipf）首次利用万有引力定律研究城市空间相互作用，建立了城市体系空间相互作用研究的理论基础，此后引力模型在空间相互作用的研究中得到广泛应用。周一星、陈彦光、苗长虹等在对区域经济联系的定量测度中，对这一模型进行了修正和拓展，使其在城市区域经济联系研究中更加科学和实用。在已有研究的基础上，考虑到本书研究的对象主要为重庆都市区与周边区县之间的经济联系，选取模型如下：

$$R_{ij} = \frac{\sqrt{P_i G_i} \times \sqrt{P_j G_j}}{D_{ij}^2} \tag{6-1}$$

其中，R_{ij}为城市群内两城市间的经济联系强度指数；P_i和P_j为两城市非农业人口数；G_i和G_j为两城市的经济规模，即GDP；D_{ij}为两城市间的公路里程数（为突出研究的空间性，选取两城市公路里程之差作为空间成本距离）。

（2）城市空间流模型。该方法主要反映城市群要素空间联系水平及其一体化程度。都市空间流是城市人口、资源、信息、资金、技术等社会经济要素的统称，城市地域系统的空间发展和演变是城市空间流在集聚—扩散作用下的结果，二者相互影响、相互制约，促使地域之间要素的流动。城市空间流强度是经济社会要素流动所产生的影响量，说明了城市与外界所产生联系的数量，这里用“城市空间流强度指数”这一概念来描述，其计算公式为：

$$S = N \times F \tag{6-2}$$

其中，S为城市空间流强度指数；N为城市功能效益，即各城市单位外向功能量所产生的实际影响；F为城市外向功能量。根据经济学基础理论，选择劳动区位熵作为判断城市经济部门是否具有外向功能的依据，其公式为：

$$Q_{ij} = \frac{e_{ij}/e_i}{E_j/E} \tag{6-3}$$

其中，e_{ij}为i城市j部门从业人员数；e_i为i城市从业人员数；E_j为城市群j部门从业人员数；E为城市群总从业人员数。若$Q_{ij} \leqslant 1$，则i城市j部门不存在外向功能；若$Q_{ij} > 1$，则i城市j部门存在外向功能，则i城市j部门为专业化部门，可以为外界提供产品与服务。所以此部门的外向功能量为：

$$F_{ij} = e_{ij} - e_i(E_i/E) \tag{6-4}$$

因此，i城市所有部门的外向功能总量为：

$$F_i = \sum_{j=1}^{n} F_{ij} \tag{6-5}$$

城市人均 GDP 为城市功能效率的重要代用指标，因此，$N_i = GDP_i/e_i$，综上，城市群 i 城市空间流强度 S 为：

$$S_i = N_i \times F_i = (GDP_i/e_i) \times F_i = GDP_i \times (F_i/e_i) = k_i \times GDP_i \tag{6-6}$$

其中，k_i 为 i 城市外向功能总量占城市群所有城市外向功能总量的比重，反映 i 城市总功能量的外向程度，称为城市空间流倾向度。

（3）城际轨道交通功能多中心度模型。该方法主要反映城市群基础设施空间联系水平及基础设施建设一体化程度。本书借鉴在相关研究中得到成功应用的较为成熟的多中心测度方法，即社会网络分析法（social network analysis）对基于城际轨道交通功能联系的重庆都市区功能多中心性进行测度。该方法对多中心的定量测度需要满足 4 条要求，包括多中心的城市体系中存在较多规模不等的大中小城市，且不由单个大城市作为主导，城市等级—规模呈现对数线型，且较为平坦的长线型比较为陡峭的短线型更具有多中心性。具体测度方法如下。

首先，定义多中心城市区域的功能多中心度 P_F：

$$P_F = \frac{1 - \sigma_F}{\sigma F max}(0 \leqslant P_F \leqslant 1) \tag{6-7}$$

其中，σ_F 为被测度城市区域中各节点功能联系等级的标准差，σF_{max} 为假定的双节点网络中一个节点为 0、另一节点为网络中最高值的标准差。P_F 介于 0 和 1 之间，$P_F = 1$ 表明该城市区域为完全常规多中心，$P_F = 0$ 则表示为完全单中心。

其次，定义网络密度 Δ。基于公路网密度的重庆都市区客运功能网络是有方向的赋值图形，故定义网络密度为：$\Delta = L/L_{max}$（$0 \leqslant \Delta \leqslant 1$），L 与 L_{max} 分别为城市区域中实际联系和潜在最大总联系，其比值的大小反映城市区域中功能联系的密集程度。进而获得基于某一功能联系的多中心城市区域专项功能多中心度 P_{SF}：

$$P_{SE} = \left(1 - \frac{\sigma_F}{\sigma max}\right) \times \Delta \tag{6-8}$$

6.2.2.2　数据来源

本部分城市空间经济联系模型和城市空间流模型，所涉及的各项指标数据，包括非农业人口、GDP、公路里程、各部门从业人员数，主要来源于《中国统计年鉴－2016》《重庆统计年鉴－2016》《中国城市统计年鉴－2016》。本部分城市间轨道交通功能多中心度测算中所需的轨道交通（普通列车、动车组、高铁）每日经停次数，经由12306网站查询获取。公路里程数、年均客运总量、各区县国土面积数据从《重庆统计年鉴－2016》获取。

6.2.2.3 结果分析

（1）都市群空间经济一体化边界划定。

a 空间经济联系强度指数分析。

依据城市空间经济联系模型，结合数据来源，计算获得2016年渝西地区的涪陵区、长寿区、江津区、合川区、永川区、南川区、綦江区、大足区、璧山区、铜梁区、潼南区、荣昌区与都市区的经济联系强度指数（R），形成图6－2。通过图6－2不难发现，涪陵区与都市区的经济联系联系强度指数最高，为101.67，其次为江津区的89.99，再次为綦江区的83.87，最低的为潼南区的18.70。綦江区之所以与都市区经济联系强度指数排名第三，主要是因为万盛经济技术开发区的有关统计纳入綦江区统计范畴。

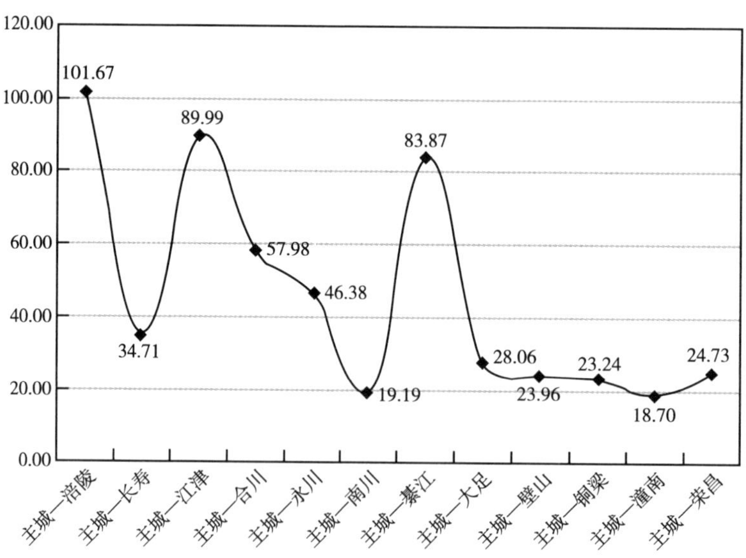

图6－2 渝西地区各区与都市区经济联系强度指数

本书进一步分析发现，各区县经济联系强度与各区的地区生产总值存在较为密切的关系，一般经济总量大的区与都市在空间经济联系上较为密切，加之相对便利的交通条件，两者之间经济一体化程度较高，反之则较小。例如，涪陵区、江津区经济总量最大，交通也较为方便，因而 R 值就更大，其与都市区经济一体化程度更高。

在此基础上，进一步采用自然间断点分级法（Jenks），以计算的 R 值为基础，将重庆城市拓展 12 区与都市区空间经济联系强度分为 4 级，形成不同类别的 R 值的分区图，如图 6－3 所示。通过图 6－3 不难发现，涪陵、江津、綦江 R∈(57.98，101.67]，属于第一梯度，说明这 3 个区与都市区的空间经济联系强度要显著高于其他地区。前述涪陵、江津与都市区经济联系强度大因其最大的经济总量及便利的交通条件，这 3 个区的工业经济、园区经济较为发达，与都市区产业互补性较强，同时有发达的铁路、高等级公路与都市联系。而綦江区与都市区空间经济联系强度较大主要是因为其统计涵盖了原来万盛经济技术开发区的数据。合川、永川 R∈(34.71，57.98]，属于第二梯度，这两个区经济总量较大，同时成渝高铁、成渝高速、渝武高速等便利的交通条件，使这两个区与都市区经济较为深度的融合。长寿、大足 R∈(24.73，34.71]，属于第三梯度，长寿、大足是承接都市区产业转移的重点地区，同时依托其便利的交通条件，使这两个区与都市区经济一体化程度较高。剩余的铜梁、璧山、潼南、荣昌、南川 R∈(0，24.73]，属于第四梯度，其与都市区的空间经济一体化程度较弱，主要原因是该梯度经济总量偏弱，尽管璧山、南川与都市区接壤，但是由于经济总量较低，使其空间经济联系强度指数偏低。

b 基于空间经济联系的都市区边界划定。

依据上述计算的渝西地区各区县的空间经济联系强度指数，参考康盈、肖礼军等的研究成果，将二级梯度以下（R＞34.71）的区县作为近期都市区经济一体化发展边界，即将涪陵区、江津区、綦江区、永川区、合川区的区域行政边界作为近期空间经济一体化边界。

（2）城市群空间要素流一体化边界划定。

a 空间要素流分析。

依据城市空间要素流模型，结合数据来源，计算获得 2015 年渝西地区范围内的涪陵、长寿、江津、合川、永川、南川、綦江、大足、璧山、铜梁、潼南、荣昌 12 区及都市（9 区）的空间要素流 S，计算结果如图 6－4 所示。

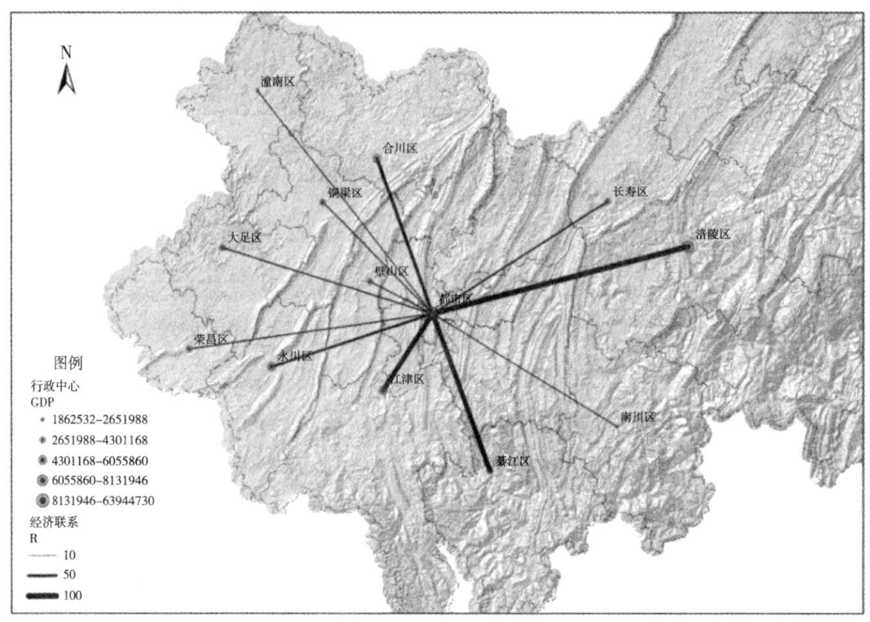

图6-3 渝西各区县与都市区经济联系强度指数

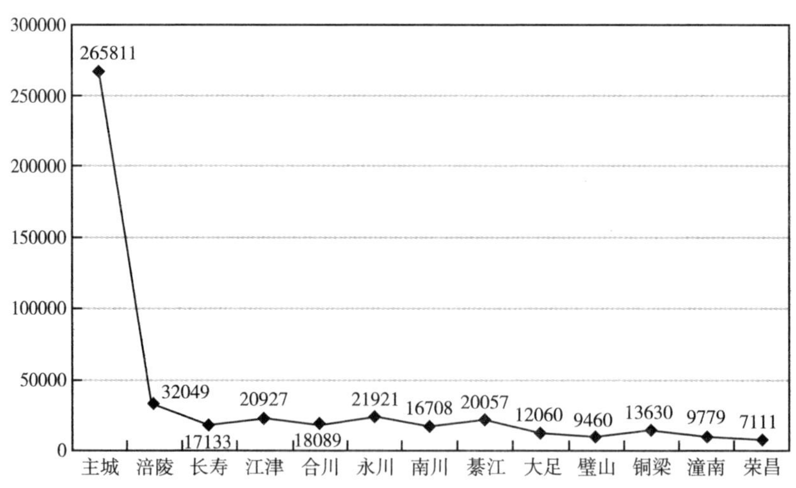

图6-4 都市区与渝西地区各区县要素流计算结果

分析该图可知，重庆都市区空间要素流强度最大，为265811，约为排名第二涪陵区的8.29倍。在渝西地区其他区县中，涪陵区最大，为32049；其次是永川区和江津区，分别为21921和20927。最小的为荣昌区，仅为7111。这说明重庆都市区是各类要素积聚的中心，同时涪陵区、永川区、江津区依托便利的交通条件和较大的经济规模，成为区域的要素积聚的第二梯度。而荣昌区由于经济总量偏小，距离都市区较远，同时交通设施建设相对滞后，导致其空间要素流 S 值偏小。

b 基于空间要素流的都市区发展边界划定。

依据 S 值的计算结果，采用自然间断点分级法（Jenks）将渝西地区的 12 区县与都市区空间要素流分为 5 级，形成不同类别的 S 值。参考徐建斌、占强等的研究成果，进一步将三级梯度以下（$S > 13630$）的区县作为近期都市区要素空间一体化发展边界，即将都市区、涪陵区、江津区、綦江区、南川区、长寿区、永川区、璧山区、合川区的区域行政边界作为近期都市区要素一体化边界。

具体来看，第一梯度包括都市区 $S \in (32049, 265811]$，显然都市区是各类要素积聚的中心；第二梯度包括涪陵区 $S \in (21921, 32049]$，涪陵区依托便利的交通与较为发达的工业，吸引渝东南地区的要素在此集中；第三梯度包括江津区、綦江区、南川区、长寿区、永川区、璧山区、合川区共 7 个区 $S \in (13630, 21921]$，这 7 个区县紧邻都市区，依托优越的区位条件承接都市区要素流的扩散；第四梯度包括大足区、铜梁区 $S \in (9779, 13630]$，这两个区域特色产业缺乏，同时工业产业等吸引要素积聚的动力不足；第五梯度包括潼南区、荣昌区 $S \in (7111, 9779]$，这两个区域距离都市区较远，同时工业产业等吸引要素积聚的动力不足，加之交通设施建设相对滞后，造成其 S 值最低。

（3）城市群空间基础设施一体化边界划定。

a 轨道交通停靠站点次数分析。

通过收集 12306 网站有关渝西地区各区之间普通列车、动车组、高铁轨道交通的日停靠次数，形成区域范围内各城市之间的轨道交通联系停靠站点次数，详见表 6-6。分析表 6-6 可知，都市区停靠次数最大，为 153 次，其次为涪陵 55 次、合川 54 次，由于铜梁和南川没有火车站，因而其停靠站点次数为 0。从城际联系看，各区与都市区联系最为紧密，日均停靠大道 153 次，其中，长寿与都市日均车次最多为 32 次，其次为涪陵与都市联系为 30 次，再次为合川的 27 次。涪陵列车日停靠次数为 55 次，其中，主要都市↔涪陵的 30 次，其次为涪陵↔合川及涪陵↔潼南的 10 次。合川的列车日停靠次数为 54 次，仅次于涪陵，其中，合川↔都市多达 27 次，合川↔潼南 14 次，合川↔涪陵 10 次。

表 6 - 6　　　　重庆渝西地区城际轨道交通停靠次数统计

城际轨道	都市	涪陵	长寿	江津	合川	永川	南川	綦江	大足	璧山	铜梁	潼南	荣昌	合计
都市		30	32	2	27	15		9	6	5		18	9	153
涪陵	30		5		10							10		55
长寿	32	5		1	2						2	1	1	44
江津	2		1										1	4
合川	27	10	2					1				14		54
永川	15								2	5			3	25
南川														0
綦江	9				1							2		12
大足	6					2								8
璧山	5					5								10
铜梁			2											2
潼南	18	10	1		14			2						45
荣昌	9		1	1		3								14
合计	153	55	44	4	54	25	0	12	8	10	2	45	14	

资料来源：12306 网站查询，都市区停靠次数由重庆北站和菜园坝火车站加总获取。

在此基础上，进一步采用自然间断点分级法（Jenks）将其停靠次数分为 5 级，如图 6 - 5 所示。分析图 6 - 5 和表 6 - 6 可知，第一梯度日停靠（18 - 32]，包括都市区↔涪陵区、都市区↔长寿区、都市区↔合川区，主要涵盖渝怀铁路、渝黔铁路、兰渝铁路等骨干铁路。第二梯度日停靠（11，18]，包括都市区↔潼南区、都市区↔永川区、合川区↔潼南区，主要涵盖成渝铁路、渝遂铁路等骨干铁路。停靠次数越多，说明城际间交通基础设施更为完备，物资交换更为频繁，经济联系更为紧密。由于轨道交通建设带动沿线的一系列基础设施建设，如电力等，因而城际轨道交通紧密程度可以反映两地间建设设施的完善程度。

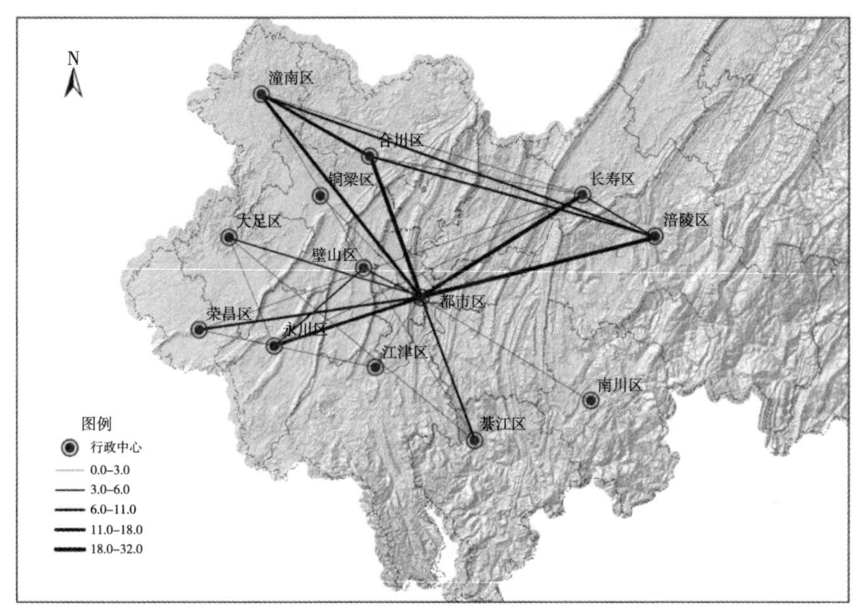

图6-5 城际轨道交通日停靠次数

b 基于城际轨道交通的都市区边界划定。

在城际轨道交通停靠站点基础上，进一步利用社会网络分析模型（social network analysis）测算轨道交通功能多中心度。采用自然间断点分级法（Jenks）将重庆城市拓展12区与都市9区轨道交通功能多中心度（PSE）分为5级。进一步参考冯长春、谢旦杏等的研究成果，将二级梯度以下的（PSE > 0.41）的区县作为近期重庆都市区基础设施空间一体化发展边界，即将都市区、涪陵区、长寿区、潼南区、合川区的区域行政边界作为近期都市区基础设施一体化边界。

具体来看，第一梯度包括都市区 PSE ∈ (0.65, 2]，该梯度各类基础设施非常完备，轨道交通网密度较大，同时，由于城市经济社会承载力有限，该区域基础设施发展有向郊区蔓延的趋势。第二梯度包括涪陵区、长寿区、潼南区、合川区，PSE ∈ (0.41, 0.65]，该区域基础设施建设较为完备，特别是与都市接壤的涪陵区、长寿区、合川区，当前各类基础设施建设与都市区协调推进，使该类区县的基础设施建设水平进一步提升。尽管江津区、南川区、綦江区、璧山区与都市区接壤，但其地形地貌及原有基础设施建设基础较为薄弱，当前依然与都市区基础设施建设空间一体化程度不高，但其天然的区域优势存在，未来这些城镇将更多承担都市卫星城镇的功能，因而其基础设施与都市协同发展的潜力巨大。

（4）基于空间联系的都市区发展边界选择。

基于都市区功能内涵，选择空间经济联系模型、要素流模型和轨道交通多中心度模型，测评当前都市区与渝西地区各区县的经济发展、要素交换、基础设施建设一体化程度，进而依据测评结果，形成各类边界图，并将图形进行权重叠加，形成最终的基于现状评价的都市区发展功能联系边界，如图6－6所示。

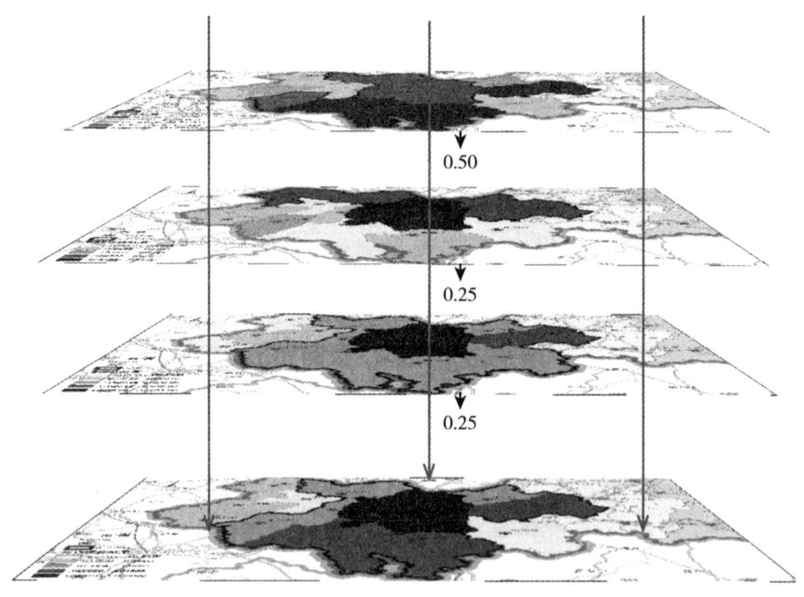

图6－6　功能联系边界划定基本思路

a 指标的标准化处理。

由于本次评价中涉及的 R、PSE、S 等指标数量级别较大，所以需要进行标准化处理，常用的标准化值处理方法为最大最小值方法，具体为做法如下。正向指标，即评价值随着此类指标值的增大而增大，对于这类指标的标准化可以采用极值法，具体是找出该项指标在各个评价单元中的最大值（$\max x_i$）与最小值（$\min x_i$），然后依照式（6－7）计算：

$$x_i' = \frac{x_i - \min x_i}{\max x_i - \min x_i} \tag{6-7}$$

负向指标，即评价值随着此类指标值的增大而减少，其标准化处理同样是找出该项指标在各个评价单元中的最大值（$maxx_i$）与最小值（$minx_i$），然后依照式（6－8）计算：

$$x_i'' = \frac{maxx_i - x_i}{maxx_i - minx_i} \tag{6-8}$$

各项评价指标计算结果及标准化处理结果详见表6－7。

表6－7 各项评价指标计算结果及标准化处理结果

序号	地区	基础值			标准化值		
		城轨多中心度（PSE）	空间经济联系（R）	空间要素流（S）	城轨多中心度（PSE）	空间经济联系（R）	空间要素流（S）
1	都市	2.0000	0.00	265811.40	1.0000	0.0000	1.0000
2	涪陵	0.6462	101.67	32048.89	0.3231	1.0000	0.0964
3	长寿	0.5436	34.71	17133.41	0.2718	0.1930	0.0387
4	江津	0.0309	89.99	20927.28	0.0154	0.8592	0.0534
5	合川	0.6461	57.98	18089.11	0.3231	0.4734	0.0424
6	永川	0.4097	46.38	21920.88	0.2049	0.3336	0.0572
7	南川	0.0000	19.19	16707.56	0.0000	0.0059	0.0371
8	綦江	0.1474	83.87	20056.86	0.0737	0.7855	0.0500
9	潼南	0.6178	18.70	9778.59	0.3089	0.0000	0.0103
10	铜梁	0.0000	23.24	13629.85	0.0000	0.0547	0.0252
11	大足	0.1020	28.06	12060.27	0.0510	0.1128	0.0191
12	荣昌	0.1739	24.73	7110.93	0.0869	0.0727	0.0000
13	璧山	0.1682	23.96	16660.22	0.0841	0.0633	0.0369

b 综合评价结果。

对所收集的评价指标数据进行无量纲化处理，见表6－7，将表6－7通过地理信息系统中的相关功能，导入评价单元的图层数据库，以此形成每个评价单元图斑的属性信息。采用多因素综合评价法，即将各单项评价指标标准化分值加权求和，具体采用如下公式：

$$Y_i = \sum_{j=1}^{n} x_{ij} \times w_j \tag{6-9}$$

其中，Y_i 为第 i 个评价单元的综合评价分值，i＝1，2，…；x_{ij} 为第 i 个 j 个评价单元的单向评价指标标准化值；w_j 为第 j 个单向评价指标的权重；n 为指标数量。权重确定方法主要是专家打分法，得到如下权重公式：

$$Y = 0.5 \times P_{se标准} + 0.25 \times R_{标准} + 0.25 \times S_{标准} \tag{6-10}$$

依据式（6－10），结合表6－7，计算获得重庆都市区发展功能联系综合评价结果，如图6－7所示。结果显示：重庆都市功能联系综合评价最高，为1，涪陵次之，为0.61，再次为江津0.45和綦江0.42，而南川仅为0.012。

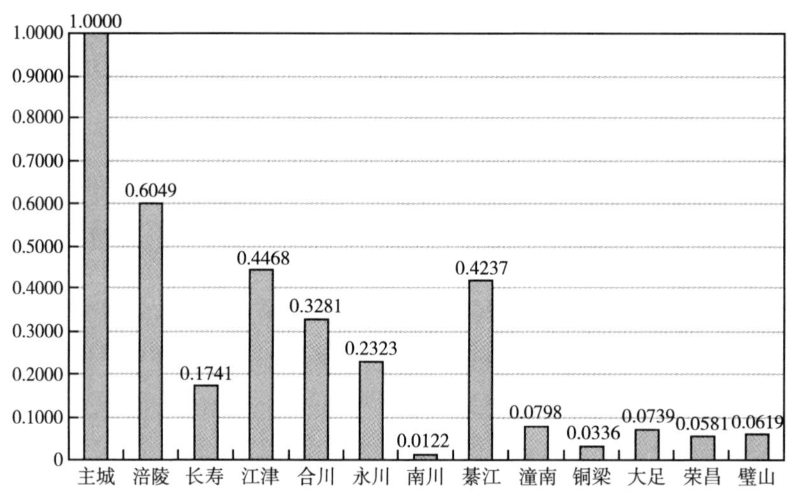

图6－7 重庆都市区发展功能联系综合评价结果

进一步将该评价结果可视化处理，并利用自然间断点分级法（Jenks）将该综合评价分为5级，即都市区为第一梯度，其综合评价值最高，为1，第二梯度为涪陵区、江津区、綦江区（0.3281，0.6049］，第三梯度为合川区、璧山区、永川区、长寿区（0.0798，0.3281］，第四梯度为潼南区、大足区、荣昌区（0.0336，0.0798］，第五梯度包括铜梁区和南川区（0.0122，0.0336］，这两个区综合评价偏低的主要原因是轨道交通中心度评价指标较低，这两个区没有轨道交通站点，但是随着即将建设城市快轨，这两个区的轨道交通多功能中心度评价指标会有大幅提升。进一步参考徐建斌、占强等的研究成果，将综合评价结果三级梯度以下的区县行政单元作为都市区发展功能联系边界，即都市区及其毗邻的涪陵区、江津区、长寿区、合川区、璧山区、永川区、綦江区7个区县行政边界作为近期都市发展功能联系边界。

6.2.3　基于产业融合的都市区发展边界选择

对于城市产业空间联系，本书采用空间产业联系强度计算，在此基础上，进行评价并划定基于产业空间联系的边界。空间产业联系强度的计算可分为两步：一是通过层次分析法（AHP）层次分析法确定 13 类产业的权重，大类的权重由感应度系数和影响度系数决定；二是利用重力模型，确定重庆都市区与渝西地区 12 个区县两两之间的产业联系强度，并确立矩阵。

6.2.3.1　研究方法

当前研究都市群产业空间联系的方法有很多，依据都市群有关概念，学术界较为认可的方法主要包括以下四类。

（1）感应度系数。感应度系数是反映国民经济各部门均增加一个单位最终产品时，某一部门由此而受到的需求感应程度，也就是需要该部门为其他部门的生产而提供的产出量，其公式为：

$$St_i = \sum_{j=1}^{n} \bar{b}_{ij} / \frac{1}{n} \sum_{i=1}^{n} \sum_{j=1}^{n} \bar{b}_{ij} (i,j = 1,2,3,\cdots,n) \qquad (6-11)$$

其中，St_i为产业 i 受其他产业部门影响的感应度系数，n 为产业数量，b_{ij}是列昂惕夫逆矩阵中第 i 行和第 j 列的系数。当 $St_i>1$ 时，表示该部门受到的感应程度高于全社会平均感应水平（即各部门受到的感应程度等于全社会平均感应水平）；当 $St_i=1$ 时，表示该部门受到的感应程度等于全社会平均感应水平；当 $St_i<1$ 时，表示该部门受到的感应程度低于全社会平均感应水平。显然，感应力系数越大，该部门受到的需求压力越大。

（2）影响力系数。影响力系数（Tt_i）是反映国民经济某一个部门增加一个单位最终产品时，对国民经济各部门所产生的生产需求波及程度。影响力系数越大，该部门对其他部门的拉动作用越大。其公式为：

$$Tt_i = \sum_{i=1}^{n} \bar{b}_{ij} / \frac{1}{n} \sum_{i=1}^{n} \sum_{j=1}^{n} \bar{b}_{ij} (i,j = 1,2,3,\cdots,n) \qquad (6-12)$$

当 $Tt_i>1$ 时，表示该部门的生产对其他部门产生的波及影响程度超过全社会平均影响力水平（即各部门产生波及影响的平均值）；当 $Tt_i=1$ 时，表示该部门的生产对其他部门产生的波及影响程度等于全社会平均影响力水平；

当 $Tt_i < 1$ 时，表示该部门的生产对其他部门产生的波及影响程度低于全社会平均影响力水平。

（3）产业空间联系强度。产业空间联系有“潜在的产业联系能力”和“实际产业联系强度”两个概念，前者单纯与产业性质有关，不考虑产业规模，不具有空间属性和城市指向；后者与产业规模有关，具有城市指向性。借助“磁场”的概念内涵，建立“影响力”和“空间联系”的关联。节点“磁场”势能越大，节点间作用力越强；同时与距离呈负相关，故联系强度需要借助“重力模型”来表达。“重力模型”中的参量是实际产业联系强度。

$$Ci_k = \sum_{m=1}^{3}\left[\sum_{i=1}^{8}(S_{ti}T_{ti})S_{cm}a_m\right] \tag{6-13}$$

其中，Ci_k 为城市 k 第 i 个产业的潜在的产业联系能力，根据感应度系数和影响度系数的定义，该指数的大小反映了某一城市产业发展的对外辐射能力；S_{cm}为各产业的就业人口规模；a_m为第 m 类产业的权重。其中，3 代表三次产业，8 代表统计年鉴中细分的产业部门及行业，包括：农林牧渔业、工业、建筑业、交通运输及仓储业、邮电业、金融业、旅游业、其他三产。

$$Ci_{k1-k2} = \frac{Ci_{k1}Ci_{k2}}{D_{k1-k2}} \tag{6-14}$$

其中，Ci_{k1-k2}指 k1 与 k2 之间的实际产业联系强度，表明两个城市之间特定的关系，本书命名为关联区间，该值越大表明两者之间的产业联系强度越大，一般产业联系强度越大越好；D_{k1-k2}是指两个城市之间的直线距离，是在 GIS 相关邻域分析模块中运算下获取的。

（4）借助统计软件（SPSS）和地理信息系统技术研究空间经济发展特征。应用 SPSS 软件对 2015 年 12 个城市的 13 个社会经济统计指标进行主成分分析，得到每个主成分对 13 个个案（case）的得分。以旋转后各主成分的方差贡献率作为权重，通过各主成分得分的加权求和得到 2016 年城市群 12 个城市经济发展水平指数值，以此作为依据比较评价城市群经济发展水平差异。再运用 SPSS 进行层次聚类分析中的 Q 型聚类分析，统一选择离差平方和法，将 12 个区县聚成不同类型，并利用 Arc GIS 技术进行可视化分布。

6.2.3.2 数据来源

本书基于投入—产出角度进行产业空间联系强度研究，为突出产业结构差异，反映不同产业对地区间联系的贡献率，将产业分为两个层面，第一层面包括三次产业：第一产业、第二产业、第三产业；第二层次划分为8类，主要是基于数据的可得性基础上划分的，包括：农林牧渔业、工业、建筑业、交通运输及仓储业、邮电业、金融业、旅游业、其他三产。产业大类划分与《中国投入产出表（2002年）》的产业代码相同。所需要的数据来自渝西地区12个区县2015年的年度统计公报、统计年鉴、政府工作报告，以及《重庆统计年鉴－2016》《中国投入产出表（2002年）》《国民经济行业分类（GB/T4754－2002）》《中国城市统计年鉴－2016》等。

为了便于研究，特提出以下假设条件：其一，假定各产业“大类”对地区联系贡献率相同，因为将“行业”分为“大类”，这种分类方法仍具有一定的局限性，其内部的“中类”和“小类”在一定程度上更能反映地理联系的需求，但对数据的要求很高，是无法通过统计资料实现空间联系强度模拟的。其二，考虑城市间空间作用的距离衰减规律，假定不同行业克服空间成本的能力是相同的，且只考虑扩展扩散而不考虑等级扩散。其三，假定每个企业都是以“经济人”的身份出现的，摒弃其他市场要素的影响，简化情景分析的参量。其四，假定城市群是一个相对独立的经济系统，群内的产业链体系是相对完整而高效的。

6.2.3.3　渝西地区城市群空间经济发展特征分析

（1）指标体系构建。参考孙东琪等（2013）的研究成果，结合重庆市各区县实际状况，考虑数据可得性，本书构建的城市群空间经济发展评价指标体系项目如下：人均GDP（元）、人均固定资产投资（元）、人均财政收入（元）、人均社会零售商品总额（元）、人均储蓄存款余额（元）、城乡居民可支配收入（%）、非农产比重（%）、第三产业比重（%）、人均工业总产值（元）、经济增长速度（%）、实际利用外资额（元）、财政收入占GDP比重（%）、外贸出口额占GDP比重（%）。

（2）基础数据源。通过收集《重庆统计年鉴－2016》及各区县统计年鉴，获取重庆市城市拓展区基础数据，详见表6－8。

表 6－8　重庆市都市与渝西地区各区空间经济发展评价指标体系原始数据

地区	人均 GDP（X1）（万元）	人均固定资产投资（X2）（万元）	人均财政收入（X3）（万元）	人均社会零售商品（X4）总额（万元）	人均储蓄存款余额（X5）（万元）	城乡居民可支配收入（X6）（万元）	非农产比重（X7）（%）	第三产业比重（X8）（%）	人均工业总产值（X9）（万元）	经济增长速度（X10）（%）	实际利用外资额（X11）（万元）	财政收入占 GDP 比重（X12）（%）	外贸出口额占 GDP 比重（X13）（%）
都市区	77420	64224	5774	39570	221314	28924	0. 9831	0. 5604	119613	0. 0673	3508	0. 0754	0. 0780
涪陵区	71430	28929	4955	20135	60336	21884	0. 9363	0. 3297	125459	0. 0736	3503	0. 0695	0. 6055
长寿区	52665	85433	4249	12527	54962	21353	0. 9111	0. 3761	95847	0. 0231	3751	0. 0814	1. 1500
江津区	46150	40055	4301	17206	48617	22543	0. 8754	0. 2852	101714	0. 0918	3641	0. 0946	0. 7412
合川区	35267	52927	3012	16301	40823	21914	0. 8637	0. 3728	50181	0. 0811	3572	0. 0861	0. 5458
永川区	52317	15666	4242	24403	44159	22992	0. 9146	0. 3423	91702	0. 1128	3219	0. 0815	0. 4154
南川区	33159	93552	3618	18263	45065	19621	0. 7933	0. 4504	29546	0. 0754	3056	0. 1096	1. 1077
綦江区	34821	34527	3440	12472	44103	18567	0. 8665	0. 3645	52709	0. 0560	2726	0. 0981	0. 5353
大足区	46120	82573	4658	13346	37979	19802	0. 8868	0. 3020	68841	0. 0586	2384	0. 1019	0. 0859
璧山区	52821	72714	6921	14699	46742	21800	0. 9466	0. 2298	123348	0. 1417	2057	0. 1315	0. 0647
铜梁区	45626	48143	3480	14015	47931	20818	0. 8832	0. 2818	66421	0. 0966	2117	0. 0776	0. 0517
潼南区	39573	65893	2787	11222	35232	18039	0. 8234	0. 2842	57838	0. 1325	1878	0. 0717	0. 0489
荣昌区	47577	38164	3554	13896	38719	19784	0. 8675	0. 2376	99744	0. 0980	1791	0. 0755	0. 0533

（3）基于因子分析的城市群空间经济发展评价。

a 模型简介。

因子分析是通过寻找众多变量的公共因素来简化变量中存在复杂关系的一种统计方法，将原始指标综合成较少的指标，这些指标能够反映原始指标的绝大部分信息（方差），这些综合指标之间没有相关性。其基本步骤包括：确认待分析的原始变量是否适合作因子分析；构造因子变量；利用旋转方法使因子变量具有可解释性；计算每个样本的因子变量得分。其基本模型如下。

数学模型（x_i为标准化的原始变量；F_i为因子变量；$k<p$）

$$\begin{cases} x_1 = a_{11} f_1 + a_{12} f_2 + a_{13} f_3 + \ldots + a_{1k} f_k + \varepsilon_1 \\ x_2 = a_{21} f_1 + a_{22} f_2 + a_{23} f_3 + \ldots + a_{2k} f_k + \varepsilon_2 \\ x_3 = a_{31} f_1 + a_{32} f_2 + a_{33} f_3 + \ldots + a_{3k} f_k + \varepsilon_3 \\ \ldots\ldots \\ x_p = a_{p1} f_1 + a_{p2} f_2 + a_{p3} f_3 + \ldots + a_{pk} f_k + \varepsilon_p \end{cases} \tag{6-15}$$

也可以矩阵的形式表示为：

$$X = AF + \varepsilon$$

其中，F 为因子变量；A 为因子载荷阵；a_{ij}为因子载荷；ε 为特殊因子。

b 结果分析。

首先，计算相关系数矩阵，并通过 KMO 和 Bartlette' test 检验后，发现各个变量之间呈现较强的线性，能够从中提出公共因子适合进行因子分析。

其次，通过对完全变量解释可以发现，指定提取的 3 个因子共解释了原有变量的总方差的 78.94%，前 3 个因子对解释原有变量贡献最大，总体上看，这 3 个因子可以反映原有样本的绝大部分信息，因子分析效果较为理想。详见表 6-9。

表 6-9　　因子分析解释总方差

成分	初始特征值			提取平方和载入			旋转平方和载入		
	合计	方差的%	累积%	合计	方差的%	累积%	合计	方差的%	累积%
X1	5.665	43.575	43.575	5.665	43.575	43.575	5.394	41.491	41.491
X2	2.870	22.074	65.649	2.870	22.074	65.649	3.098	23.831	65.322
X3	1.727	13.288	78.937	1.727	13.288	78.937	1.770	13.614	78.937
X4	1.279	9.837	88.774						

续表

成分	初始特征值			提取平方和载入			旋转平方和载入		
	合计	方差的%	累积%	合计	方差的%	累积%	合计	方差的%	累积%
X5	0.746	5.741	94.515						
X6	0.353	2.717	97.232						
X7	0.170	1.310	98.542						
X8	0.088	0.677	99.218						
X9	0.056	0.428	99.646						
X10	0.034	0.261	99.907						
X11	0.011	0.083	99.990						
X12	0.001	0.010	100.000						
X13	0.000	0.000	100.000						

再次，计算因子负荷矩阵（限于版面与重要程度，此矩阵在此省略），对其3个主因子负荷矩阵转换后得到负荷散点图，如图6－8所示，最后由于完全变量解释（见表6－9）中3个主要因子在较大程度上反映了原变量的大部分信息，其积累值达到78.94%，因而可以用因子的方差贡献率作为综合评价的权重，于是3个主因子按各自方差贡献率加权生成综合评价得分方程：

$$F = 0.4358 \times F1 + 0.2207 \times F2 + 0.1329 \times F3 \qquad (6-16)$$

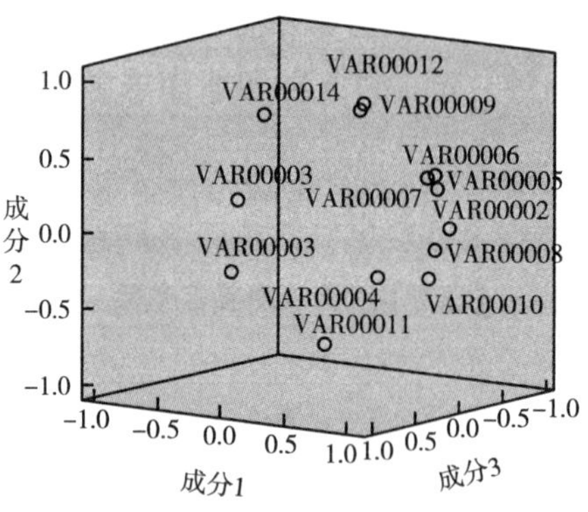

图6－8 因子负荷散点

据此得到最终城市群空间经济发展综合评价结果，详见表6－10。进一步以GIS为平台将最终评价结果F值导入图层属性表，并利用Spatial Statistics Tools中的热点分析（hot spot analysis）和定向分布（directional distribution）进行分析，得到分析结果，重庆都市区与渝西地区各区县空间经济评价图如图6－9所示。

表 6－10　　　　都市城市群空间经济发展综合评价结果

地区	F1	F2	F3	F
都市	2.48896	1.17139	－0.3344	1.298773
涪陵	0.81976	0.0384	－0.92435	0.24288
长寿	－0.12628	1.38591	0.56031	0.325303
江津	0.01676	0.12406	－0.04465	0.02875
合川	－0.69806	0.70455	－0.38886	－0.2004
永川	0.39915	－0.24399	－1.03049	－0.01685
南川	－1.16722	1.40205	1.33363	－0.022
綦江	－0.87575	0.30518	－0.1291	－0.33146
大足	－0.2387	－0.27954	0.99915	－0.03293
璧山	1.02819	－1.81199	2.22824	0.344312
铜梁	－0.34968	－0.70304	－0.68401	－0.39846
潼南	－1.01132	－0.92519	－0.68934	－0.73654
荣昌	－0.2858	－1.16779	－0.89613	－0.50138

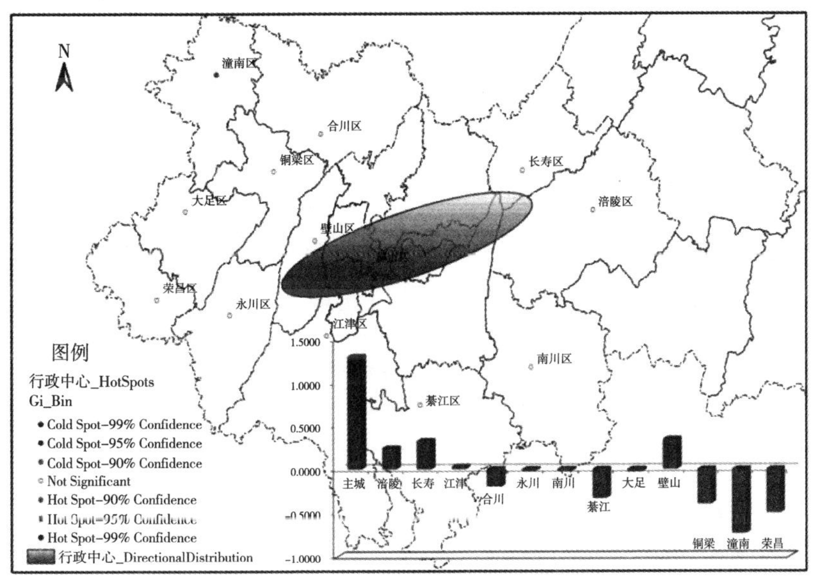

图 6－9　重庆都市区与渝西地区的城市空间经济评价

分析表 6－10 和图 6－9 可知，在重庆都市区与渝西地区城市空间经济发展水平评价中，都市 9 区发展水平最高（1.2987），其次为长寿区（0.3253）、涪陵区（0.2428），最低的为潼南区（－0.7365）。通过主成分分析可知，影响综合评价指标的因素主要包括工业产值、经济总量等，都市区、涪陵区、长寿区各项指标都显著高于其他区县。本书进一步通过对综合评价值进行空间的热点分析（hot spot analysis）发现，都市区、涪陵区、长寿区、江津、永川热点值较高，而潼南区则属于冷点地区，同时定向分布（directional distribution）分析也说明都市区、涪陵区、长寿区、江津区、永川区在城市经济空间分布上存在集聚形态，总体呈现出以都市区为核心焦点，涉及以东北部涪陵区、长寿区向西南部璧山区、江津区、永川区梯度递减的椭圆形地带。

6.2.3.4 渝西地区城市群产业空间联系强度特征分析

基于产业感应度系数、影响力系数计算公式，进一步结合12个区县三次产业，8个门类行业：农林牧渔业、工业、建筑业、交通运输及仓储业、邮电业、金融业、旅游业、其他三产的数据，计算获得各区县8类行业部门的感应度系数和影响力系数，如图6-10所示。分析可知，从行业来看，工业行业对各区县感应度和影响力贡献值较大，其次为建筑业，三产中旅游业对各区县感应度和影响力贡献值较大。

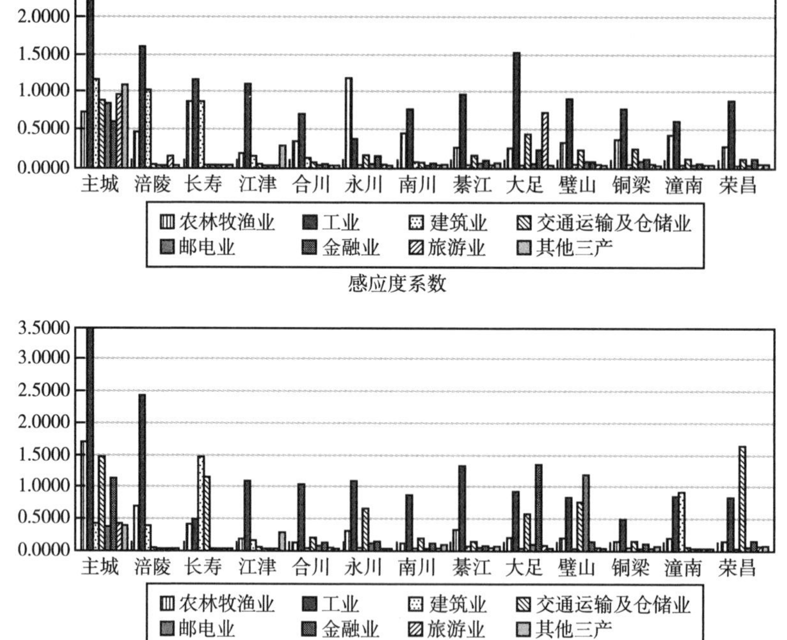

图6-10 重庆都市区与渝西地区城市产业感应度与影响力

在城市群产业感应度与影响力的基础上，参考产业空间联系强度计算公式，计算渝西地区各区县与都市区之间的产业空间联系强度，将计算结果输入属性表，依托GIS中自然间断点分级法（Jenks）和定向分布模块分析计算，进一步形成重庆都市区与渝西地区城市产业空间联系强度图，如图6－11所示。

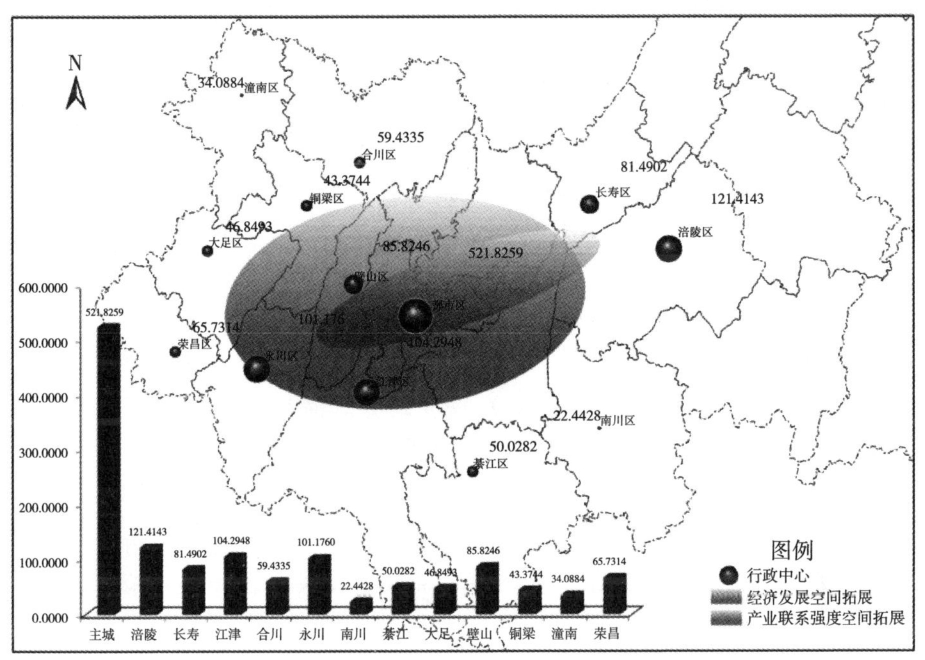

图6－11　重庆都市区与渝西地区城市产业空间联系强度

分析图6－11可知，都市区产业空间联系强度最高，为521.83，涪陵次之，为121.41，都市区约为涪陵的4倍，再次为江津区的104.30和永川区的101.18，璧山区和长寿区分别为85.83和81.49，而潼南和南川较小，分别为34.09和22.44。进一步采用定向分布模块分析其空间总体布局形态发现，重庆都市区与渝西地区城市空间经济发展方向大体与产业空间联系强度一致，总体走向基本呈现东北西南走向，范围涉及以都市为焦点，以永川区、江津区、涪陵区、长寿区为轴的椭圆形态。

6.2.3.5 基于产业空间联系强度的边界划定

基于渝西地区各区县经济联系强度，以 GIS 中邻域分析中的 near 工具，分析渝西地区区县与都市区的距离，据此计算各城市与都市区之间的产业空间联系强度 C，在此基础上将计算结果输入属性表，进一步依托 GIS 中自然间断点分级法，形成 5 个分级。分析可知，经济联系强度是城市间空间相互作用的主要表现形式之一，一般来看，城市间产业的相互作用与城市间的距离呈负相关关系（重力模型），受空间距离衰减影响较大，相距较远的城市产业联系强度小。涪陵、璧山、江津 $C \in (8943.96, 18296.26]$，属于第一梯度。该梯队产业发展较为迅速，结构较为合理，且经济总量较大。永川区 $C \in (5883.08, 8943.96]$，属于第二梯度，近年来永川区依托高新技术与现代服务业强化与都市产业融合力度。合川区、长寿区 $C \in (4555.13, 5883.08]$，属于第三梯队，该区域是都市产业融合的重点地区。大足区、荣昌区 $C \in (1820.31, 4555.13]$，属于第四梯队，该区域距离都市较远，虽有一定的工业基础，但与都市产业关联度较差。潼南区、南川区 $C \in (0, 1820.31]$，属于较低的第五梯队，主要原因是两地的工业基础薄弱。在此基础上，进一步参考孙东琪等人的研究成果将三级梯度以下（$C > 4555.13$）的区县作为近期重庆都市区基础设施空间一体化发展边界，即将都市区、涪陵区、长寿区、合川区、永川区、江津区、璧山区的区域行政边界作为近期都市区基础设施一体化边界。

6.2.4 基于空间扩展的都市区发展边界选择

都市区选择将是促进区域内经济、社会、产业、人口以及功能协调发展的必经之路。而要以现状评价为基础，进行都市区发展边界的重新划定，现状建设用地时空拓展是研究重点。因此，要对都市区发展边界进行重新划分，首先必须对现有都市区建设用地空间拓展进行研究，其次对现有都市区周边行政区建设用地空间拓展进行研究，再次对二者时空拓展特征进行综合分析，最后进行都市区发展边界重新划定。

6.2.4.1 都市区现状评价数据来源及方法

本书的主要数据为重庆都市区及渝西地区 12 个区县的遥感数据和 DEM

数据。其中遥感数据为 Landsat TM 与 Landsat /ETM 影像，其中 1978a 为多波段扫描仪（MSS）影像，获取时间依次为都市区（1995a、2000a、2005a、2010a 和 2015a），渝西地区 12 个区县（1997a、2003a、2009a 和 2015a）。DEM 数据比例尺为 1：50000。本书所选择的遥感数据来源于 Landsat 5（TM）及 Landsat 7（ETM +）的影像。

6.2.4.2 结果分析

本书在遥感与 GIS 技术支持下，开展都市区及渝西地区 12 个区县建设用地时空拓展分析，具体分析结果如下。

（1）都市区建设用地空间拓展分析。在 ArcGIS10.2 地理信息系统软件的支撑下，统计重庆都市区 1995 ~2015 年城市建设用地的时空拓展特征。1995 ~2015 年重庆都市区城市建设用地面积共增加了 356.6 平方千米，平均每年增加 17.8 平方千米。从建设用地扩展的方向上来说，重庆都市区建设用地面积在各个方向快速增加，但主要以西南方向、东北方向和正北方向扩展为主。如图 6 –12 所示。

（2）都市区周边区县空间拓展分析。基于 TM 遥感影像解译数据的基础，在 arcgis 的技术支撑下，可以得到重庆都市区周边 12 区县 1997 ~2015 年四期建设用地空间分布图，如图 6 –13 所示。

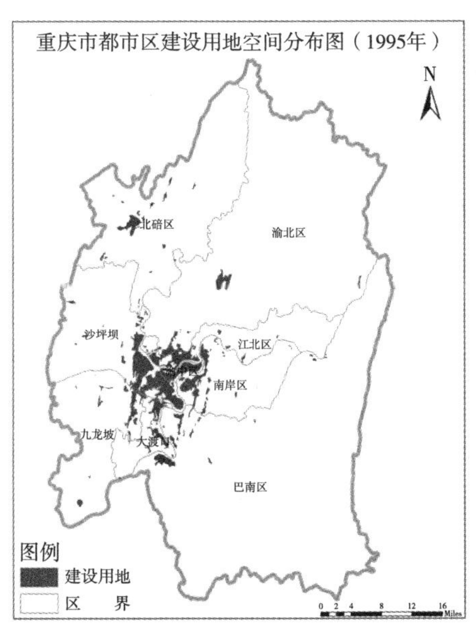

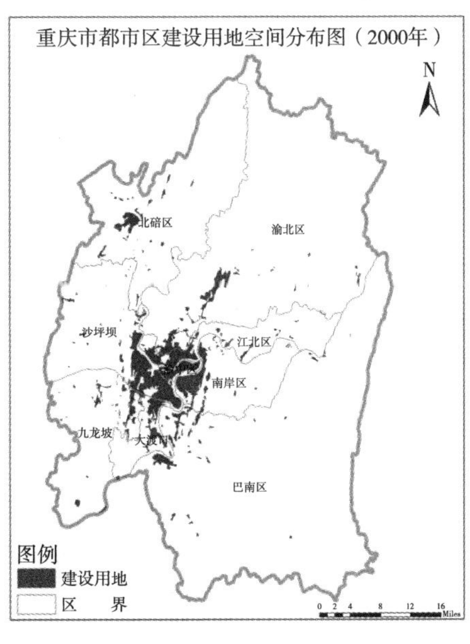

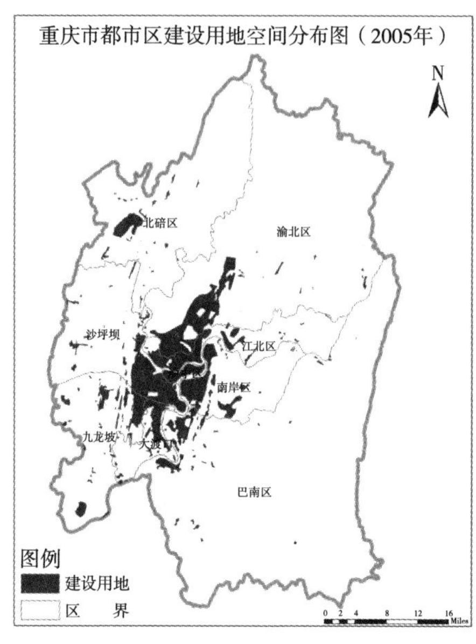

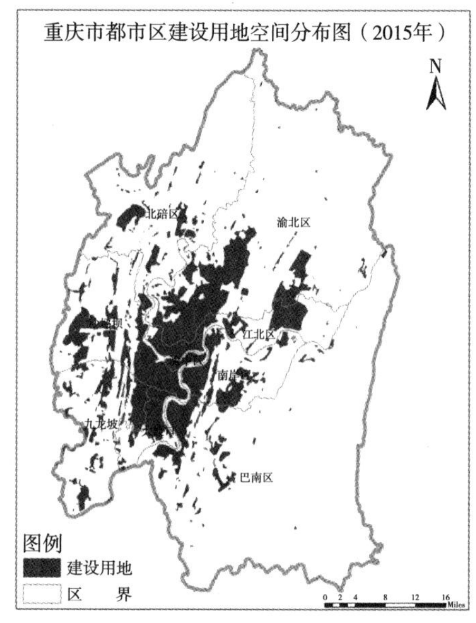

图 6-12 都市区城市建设用地时空拓展特征

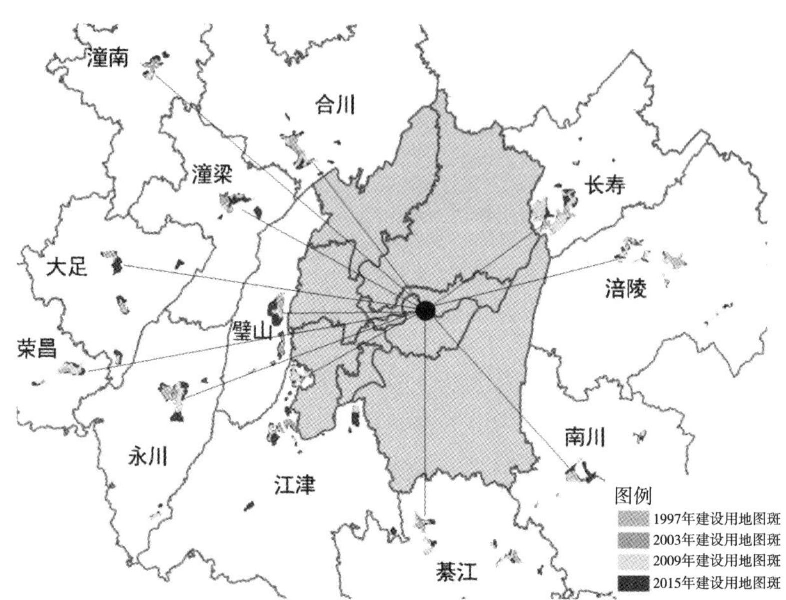

图 6-13 渝西地区各区县城市建设用地空间扩展时空特征

对图6－13进行分析可知，从空间上来说，2009年新增建设用地和2015年新增建设用地比较明显，说明这两个时间段城市用地扩展十分迅速。

结合空间聚集相关理论，可以得出长寿、涪陵、江津、璧山、合川以及铜梁6个区县在城市空间用地演变趋势上具有向都市区靠拢的明显态势。

6.2.5 基于现状评价的重庆都市区发展边界的划定

在上述基于现状都市区生态安全评价、发展空间扩展、功能联系边界、产业融合边界等评价及边界划分，结合本书的总体研究思路，邀请有关专家对各个边界评价结果进行打分，形成都市区生态安全评价、发展空间扩展、功能联系边界、产业融合边界权重，分别为0.15、0.15、0.25、0.45，在相关评价指标进行归一化成立后，基于arcgis平台进行权重叠加，形成重庆市近期都市区发展边界，边界范围包括合川、永川、江津、璧山、长寿、涪陵6区，如图6－14所示。这6个区与都市区在空间联系、产业融合、基础设施、经济联系、建设用地拓展等领域一体化程度较高，是重庆近期（2015～2020年）城镇拓展的重点区域。

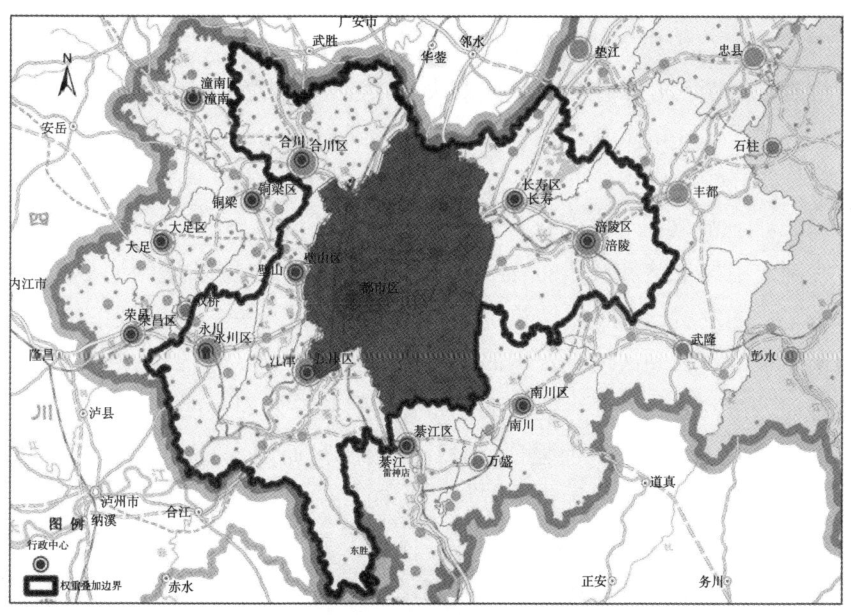

图6－14　基于现状评价的重庆都市区发展边界划定

第7章　重庆都市区划定范围一体化发展保障

7.1　建立都市区一体化发展组织引导机制

（1）组建协调机构。建立市级都市区一体化发展组织协调机构，由市规划部门牵头，联合市建设部门、发改委、各区县主要部门等组建，分管市长担任组长，着重探讨、协商、制定推动都市区一体化发展的制度、规范、措施等。

（2）加强组织实施。明确工作分工，落实工作责任，完善决策、协调和执行机制。定期召开专题会，研究解决都市区一体化发展中的重大问题。实施都市区建设年度重点专项工程，将各项目标任务分解到各级部门，明确各牵头单位责任领导、责任人与进度要求，加强督促检查，抓好工作落实。

（3）加强战略引导。弱化行政界限，注重区域协作，结合都市区空间拓展方案制定引导策略和政策框架，加强对都市区内各区域发展的战略指引。明确各区域的发展导向、城镇格局、生态体系、综合交通和基础设施等方面的协调要求，按不同区域设置不同的技术标准和管理方法，突出差异化和精细化管理。协调公共资源、公共服务和公共财政，协同年度实施计划。

（4）强化统筹发展。加强顶层设计，按照交通同网、产业联动、信息共享的要求加强统筹协调。优化配置要素资源，统筹区域功能布局规划，立足各自比较优势，明确各区域在都市区一体化发展中的功能定位，推进空间布局优化调整。统筹城乡用地指标，控制用地总量，对城市空间拓展实行弹性供地，允许打破行政界线流转用地指标。统筹产业协调发展，明确各区域产业定位，优化产业布局，促进区域产业分工合作，引导产业健康协调发展。

统筹路网及水电气管网等基础设施布局与建设，按照完善功能的要求，强化交通、能源、水资源、信息等基础设施衔接，建设形成衔接顺畅、运行高效、服务优质、安全环保的基础设施一体化体系，实现基础设施的互联互通和共享共用。按照功能完善、生态宜居的要求，优化城镇空间布局，形成现代化城镇体系。

（5）加强政策支持。完善区域发展政策，探索建立都市区经济利益分享和补偿机制。开展都市区一体化发展配套政策体系专项评估，推动政策制度化，在土地、人才引进、产业、生态保护、金融财税等方面制定促进都市区一体化发展的系列优惠政策及措施，加强各项政策、规划、措施的统筹协调和有效衔接。细化各项政策措施，加大对重大项目、重点工程建设和优势产业、战略性新兴产业发展的支持力度。

7.2 建立都市区一体化发展协调对接机制

（1）建立都市区信息沟通机制。建立都市区信息沟通平台，利用现代互联网等先进技术，以政府为主导，依托媒体等渠道，鼓励企业以及协会、社团等民间组织的沟通交流，通过组织不同领域的交流会议形成信息沟通机制，疏通信息渠道，加快要素流动、降低服务成本，实现都市区内各区县政务、商务、公共信息的公开和共享，提高信息沟通的速度和效率。

（2）完善都市区要素流动机制。人流、物流、资金流的畅通流动是都市区一体化发展的基础。突破体制障碍，建立要素流动机制，实现都市区内资金、技术、人才等要素的自由流动，尽可能地将资源配置到有发展条件、有发展价值的地区，实现要素的优化配置。建立政策协调机制，加强税收、土地利用、人才流动、社会保障等方面的协调，实现都市区利益最大化和各区县利益的公平分享。

（3）创新都市区一体化对接机制。推进都市区发展规划的实施，加强都市区共同政策的研究与衔接，定期进行都市区规划、政策及重大合作项目的协调。加强交通基础设施一体化的投入和管理机制、合作产业园的税收与核算机制等方面的政策研究，加快都市区一体化利益共创共享机制的建设。

7.3 强化都市区一体化发展协同合作机制

（1）推动实施都市区发展规划。以都市区发展规划为依据，强化区域分工合作，加强产业协调与分工、人口空间配置、生态保护区划分、土地利用等空间管制，有效解决都市区内产业趋同、合作机制不健全、资源配置不合理、产业结构层次不高、整体竞争力不强等问题，保障都市区一体化发展的顺利推进。

（2）加强产业功能互补与合作。都市区内各区县产业发展存在较大的差异性，根据各区县产业发展基础及比较优势，引导人口和产业合理布局，加快形成区域特色鲜明、分工协同一体、逆序圈层化分布的产业格局。都市区重点发展现代服务业、战略性新兴制造业和综合商贸物流业，渝西地区重点发展制造业，实现各区域产业功能的互补与合作。

（3）加快推进交通网络一体化。统筹规划、布局和建设都市区交通基础设施，加强重大交通基础设施的区域共享，形成高效的综合交通运输体系。重点加强射线轨道线路及骨架快速路网的高效联系，渝西地区与都市区重点加强市郊铁路的联系，推行以城际铁路、市郊铁路和城市轨道为骨干的分层次公共交通，形成高效通勤圈，强化铁路环线，在都市区范围内统筹组织大宗货物运输，为都市区空间结构调整和要素流动提供基础支撑，为人口、经济、社会和环境的一体化发展提供保障。

7.4 建立都市区一体化发展规划管理机制

（1）严格规划管理制度。加强规划法规体系建设，完善都市区一体化规划管理的法规和技术标准。明确各级规划管理部门的管理范围和责任，建立责权明确的规划管理体系。建立规划与建设反馈机制，实施规划动态管理。

（2）协调规划管理机制。加强规划的综合协调，建立与资源、环境、产业协作、空间布局相适应的规划管理协调机制。建立城乡规划、发展改革、土地管理、建设管理等部门的联动机制，建立城乡规划、国民经济和社会发展规划、土地利用总体规划互动一体的城市发展调控机制。

（3）建设规划管理平台。建设都市区规划信息平台，通过规划合作，加强规划信息共享，实现都市区共同规划管理。通过采集都市区共同的规划信息、统一规划信息标准、多途径共享等方式，使各区县以共同的规划信息平台为基础，按照都市区一体化发展的共同目标，遵循协调发展的思路，组织相关规划编制工作。通过实现规划信息共享，加强规划管理的信息化水平，为更好地实现都市区一体化规划管理工作提供保障。

参考文献

［1］崔功豪，魏清泉，等．区域分析与区域规划［M］．北京：高等教育出版社，2018.

［2］蔡武．区域经济一体化与协调发展的理论及其发展［J］．中共成都市委党校学报，2012（5）：30－35.

［3］曹滢，王鹰翅．城市增长边界的理论与实施探讨［C］．2011 中国城市规划年会论文集，2011：118－123.

［4］戴特奇，金凤君．空间相互作用与城市关联网络演进——以我国 20 世纪 90 年代城际铁路客流为例［J］．地理科学进展，2005，24（2）：80－89.

［5］冯科，吴次芳，等．城市增长边界的理论探讨与应用［J］．经济地理，2008，28（3）：425－429.

［6］冯科，吴次芳，等．管理城市空间扩展：UGB 及其对中国的启示［J］．中国土地科学，2008（5）：77－80.

［7］韩春风．美国空港都市区发展演变研究［D］．郑州：郑州大学，2019.

［8］黄铎，黄晓敏，等．基于四边界模型的城市新区空间发展状况测度——以广州市南沙新区为例［J］．城市问题，2019（6）：37－44.

［9］韩德军．中国东西部生态功能区城市土地利用模式对比研究［J］．资源开发与市场，2015（5）：543－547.

［10］胡剑双．关于划定城市增长边界的思考［J］．江苏城市规划，2014（10）：4－6.

［11］黄明华，寇聪慧．寻求“刚性”与“弹性”的结合——对城市增长边界的思考［J］．规划师，2012（3）：12－15.

［12］黄明华，田晓晴．关于新版《城市规划编制办法》中城市增长边界的思考［J］．规划师，2008（6）：13－15.

[13] 洪世键．大都市区治理——理论演进与运作模式［M］．南京：东南大学出版社．2009.

[14] 惠西鲁．保护地域特色生态空间，引导城市高效有序发展——西安城市增长边界的划定研究［C］．2014 城市发展与规划大会论文集——生态城区的建设与优秀范例，2014：123－127.

[15] 侯逸，王静．试论美国 UGB 与中国城市开发边界的异同及其启示［J］．沈阳建筑大学学报（社会科学版），2016（2）：1－7.

[16] 林慧．基于资源环境承载力的城市发展边界研究［J］．国土资源情报，2017（8）：3－9.

[17] 李辉．基于3S 技术的“后三峡时代”万州区生态敏感性评价研究［J］．资源开发与市场，2018（2）：160－165.

[18] 刘海龙．从无序蔓延到精明增长——美国“城市增长边界”概念评述［J］．城市问题，2005（3）：67－72.

[19] 刘建军．都市区发展规律与郑州都市区建设设想［J］．中国国情国力，2012（1）：59－62.

[20] 林坚，刘乌兰．论划定城市开发边界［J］．北京规划建设，2014（6）：14－21.

[21] 李梅．中国城市开发，何以让生活更美好——城市边界、多规合一与可持续发展［J］．探索与争鸣，2015（6）：18.

[22] 刘盛和，吴传钧，沈洪泉．基于 GIS 的北京城市土地利用扩展模式［J］．地理学报，2000（4）：407－416.

[23] 龙瀛，等．北京市限建区规划：制定城市扩展的边界［J］．城市规 2006，（12）：20－26.

[24] 刘英英．基于 GIS 陇南市生态功能区划及环境友好型土地利用模式［J］．干旱区资源与环境，2011（1）：39－43.

[25] 刘治国，刘笑．沈阳城市开发边界的划定方法及实践［J］．规划师，2006（10）：45－50.

[26] 梁占强．城市增长边界的国际经验几对中国的启示［D］．石家庄：河北师范大学，2016（1）：34－40.

[27] 苗长虹，王海江．河南省城市的经济联系方向与强度——兼论中原城市群的形成于对外联系［J］．地理研究，2006，25（2）：222－232.

[28] 牟凤云，张增祥，迟耀斌，等．基于多源遥感数据的北京市

1973—2005 年间城市城市建设用地的动态监测与驱动力分析［J］. 遥感学报，2007，11（2）：258－263.

［29］穆江霞．西安市建设用地扩展变化研究［J］. 现代城市研究，2007（4）：38－42.

［30］马仁锋，王筱春，等．资源环境约束下的昆明都市区发展模式［J］. 复旦学报（自然科学版），2010，49（1）：104－111.

［31］马仁锋，王筱春，易琦，等．资源环境约束下的昆明都市区发展模式［J］. 复旦学报（自然科学版），2010，49（1）：104－111.

［32］倪浩．边界屏蔽效应与长江经济带城市群协调发展问题研究［D］. 上海：华东师范大学，2015.

［33］孙东琪；张京祥，等．基于产业空间联系的“大都市阴影区”形成机制解析——长三角城市群与京津冀城市群的比较研究［J］. 地理科学，2013（9）：1043－1050.

［34］沙莎．新都区推动城市转型升级的案例研究［D］. 成都：电子科技大学，2017.

［35］汤放华，陈立立，曾志伟，等．城市群空间结构演化趋势与空间重构［J］. 城市发展研究，2010，17（3）：65 － 69.

［36］汤放华，陈立立．1990 年代以来长株潭城市群区域差异的演化过程［J］. 地理研究，2011，30（1）：94－102.

［37］谭文彬，刘斌，等．近三十年来昆明市城市建设用地扩展遥感监测与分析［J］. 地球信息科学学报，2009，11（1）：117－119.

［38］谭文彬，刘斌，张增祥，等．近三十年来昆明市城市建设用地扩展遥感监测与分析［J］. 地球信息科学学报，2009，11（1）：117－119.

［39］施祥．经济发展、城市增长边界与最优城市规模分析［J］. 商业经济，2019（8）：35－37.

［40］王福海．特大山地城市建设用地扩展及其遥感地表特征参量响应研究［C］. 重庆工商大学，2015.

［41］王涛．东京都市圈的演化发展及其机制［J］. 日本研究，2014（1）：20－24.

［42］王涛，苗润雨．东京多中心城市的规划演变与新城建设［J］. 城市规划，2015（4）：50－55.

［43］王颖，顾朝林．中外城市增长边界研究进展［J］. 国际城市规划，

2014 (4): 1 -7.

[44] 肖峰，贾倩倩. 论我国生态保护红线制度的应然功能及其实现 [J]. 中国地质大学学报（社会科学版），2016.

[45] 宣功巧. 运用景观生态学基本原理规划城市绿地系统斑块和廊道. 浙江林学院学报，2007，24 (5): 599 -603.

[46] 徐建斌，占强，等. 基于经济联系与空间流的长株潭城市群空间异质性分析 [J]. 经济地理，2015，35 (10): 38 -43.

[47] 席鹏轩. 基于空间发展形态的安康市中心城区城市开发边界划定研究 [C]. 2017 中国城市规划年会论文集，2017: 118 -129.

[48] 许学强，周一星，宁越敏. 城市地理学 [M]. 北京：高等教育出版社，1997.

[49] 杨秋惠. 空间发展、管制与变革——国内外“城市开发边界”发展评述及启示 [J]. 上海城市规划，2015 (3): 46 -54.

[50] 于思成. 重庆城市形态演变研究 [D]. 重庆：重庆大学，2014.

[51] 俞田颖，顾娟，等. 中国城市增长边界研究现状与发展建议 [J]. 湖南农机，2012，39 (9): 160 -161.

[52] 张勤，华芳，等. 杭州城市开发边界划定与实施研究 [J]. 城市规划学刊，2006 (1): 28 -36.

[53] 朱顺娟，郑伯红. 城市群网络化联系研究——以长株潭城市群为例 [J]. 人文地理，2010 (5): 65 -68.

[54] 张天琳. 市域快轨引导下的东京都市圈近郊区发展模式分析 [C]. 2019 中国城市规划年会论文集，2019: 710 -721.

[55] 朱英明，等. 沪宁杭城市密集区城市流研究 [J]. 城市规划学刊，2002 (1): 31 - 33.

[56] 祝仲文，莫滨，等. 基于土地生态适宜性评价的城市空间增长边界划定——以防城港市为例 [J]. 规划师，2009，25 (11): 40 -44.

[57] Avin U, Bayer M. Right-sizing urban growth boundaries [J]. Planning, 2003, 69 (2): 22 -27.

[58] Boyce R R, Clarke K C. The Concept of Shape in Geography [J]. The Geographical Review, 1994 (54): 561 -572.

[59] Cho S H, Poudyal N, Lambert D M. Estimating spatially varying effectsof urban growth boundaries on land development and land value [J]. Land

Use Policy, 2008, 25 (3): 320 - 329.

[60] Jun M J. The effects of Portland's urban growth boundary on housingprices [J]. Journal of the American Planning Association, 2006, 72 (2): 239 - 243.

[61] JunRen, Wei Zhou, Xuelu Liu, et al. Urban Expansion and Growth Boundaries in an Oasis City in an Arid Region: A Case Study of Jiayuguan City, China. 2019, 12 (1).

[62] Xindong He, Xianmin Mai, Guoqiang Shen. Delineation of Urban Growth Boundaries with SD and CLUE-s Models under Multi-Scenarios in Chengdu Metropolitan Area. 2019, 11 (21).

生态区土地利用研究

第8章 绪　　论

8.1 研究对象界定

本书研究的“生态区”是指在全国或区域范围内具有重要生态功能的区域，例如，全国主体功能区规划中的重点生态功能区、各省市主体功能区规划中的重点生态功能区和一般生态功能区，其主要功能和任务是加强生态环境保护和生态修复，提供生态产品，发展生态经济，实现生态涵养、水土保持、生物多样性保护等，突出发展理念和发展方式的转变，拓宽农民增收渠道，解决农民长远生计的区域。国家重点生态功能区定位、类型划分等情况详见表8－1。

表8－1　　国家重点生态功能区功能等定位

功能定位	功能类型	规划目标	开发原则
保障国家生态安全的重要区域，人与自然和谐相处的示范区	水源涵养型； 水土保持型； 防风固沙型； 生物多样性维护型	生态服务功能增强，生态环境质量改善； 形成点状开发、面上保护的空间结构； 形成环境友好型的产业结构； 人口总量下降，人口质量提高； 公共服务水平显著提高，人民生活水平明显改善	各类开发活动尽可能减少对自然生态系统的干扰； 各类开发都要控制在尽可能小的空间范围之内； 严格控制开发强度，逐步减少农村居民点占用的空间，腾出更多的空间用于维系生态系统的良性循环； 实行更加严格的产业准入环境标准，严把项目准入关； 在现有城镇布局基础上进一步集约开发、集中建设

8.2 研究背景及研究意义

8.2.1 研究背景

人类的生存必须是在土地作为承载体的基础上的，因此，土地是人类生存最根本的资源，同时也是人类开展生产以及生活的重要基础。从资源分类上看，土地属于不可再生的自然资源。由于人类的生产和生活的不断延迟以及质量的提升，同时伴随着人类科技的高速发展，土地作为最基本的载体，人类对其的开发和利用强度持续增大。由于过度开发和利用，部分土地出现沙漠化、盐碱化等十分严重的现象，这是困扰全球各国的一个重要且必须解决的世界性难题。我国虽然土地广袤，资源丰富，但人口基数大，人地关系十分紧张。国家正式发布了《全国主体功能区规划（2010）》，明确规定将国土空间的利用类型划分为“优化、重点、限制以及禁止开发区”四大类功能区，其目的是为了缓解当前背景下的人地矛盾随着我国经济的高速发展和人们不断提升的生活水平，国土空间的开发存在许多问题，为了满足可持续发展的要求，“推进我国各地区主体功能区建设的进程，同时加快完善主题功能区相关规律法规和制度，严格执行和落实发展规划”在我国社会经济发展的“十一五”规划至“十三五”规划的纲要当中都被明确地提出。《中华人民共和国环境保护法》（2015 年 1 月实施版）强调，在满足经济社会不断增长的前提下要进行环境保护，二者需要协调发展，环境保护能力必须上升到与经济发展水平相匹配的高度，同时运用法律手段明确生态保护红线的存在和身份。

我国推进实施优化国土空间开发格局的重要途径之一就是实施主体功能区战略，同时也是我国生态文明建设的重要任务和要求。党的十八届三中全会、十八届四中全会和十八届五中全会明确提出，“要建立生态文明制度体系，划定生态保护红线，推进主体功能区建设，实施和坚持绿色发展之路，充分体现主体功能区作为国土空间开发利用和保护作用”。目前，我国国土空间利用的重要纲领性文件是《国家主体功能区规划》，该文件明确提出“重要的生态功能区保护关系到较大区域甚至全国的生态安全”，而要实现该目标的同时，保证经济社会的高速和可持续发展，在国土空间利用上就必须形成“面上保护，点上开发”的空间利用和开发结构，因此，需要建立与重点生态区相匹配的国土空间利用模式。

本书以重庆为例，重庆地处长江上游和三峡库区，在经济、生态和区域上的定位对生态环境保护提出了更高的要求，《全国生态功能划分》把三峡库区作为对国家生态安全有着重要作用的水源涵养重要生态功能区；渝东南片区是秦巴山区的典型区域，作为区域水源涵养的重要生态功能区，需要做好保护，而渝东南片区属于武陵山区，是重要的生物多样性保护的生态功能区。从地理角度来看，重庆包含了三峡库区90%的区域，而三峡库区又是我国十分重要的生态屏障区，也是重庆的天然生物基因宝库，做好保护是重庆乃至长江经济带实现可持续发展的重要保障和基础。三峡库区、秦巴山区、武陵山区的生态保护和建设对全国生态安全有着重要意义。除此之外，重庆市直辖以来，工业化、城镇化进程加速推进，土地空间开发速度明显加快，建设用地年均增长迅猛，耕地面积年均减少较快，全市土地空间开发呈现出开发强度高、利用效率低、结构不协调等问题，严重影响着重庆市的绿色发展和生态保护。具体来讲，本书主要基于以下六个背景开展研究。

（1）统筹推进“五位一体”的要求。“五位一体”是党的十八大在我国进入全面建成小康社会决定性阶段确定的新举措之一。五位一体建设总布局，首次纳入生态文明建设，提出要从源头扭转生态环境恶化趋势，为全面建成小康社会提供强有力的保障。重庆市生态功能区战略即是对十八大“五位一体”和生态文明建设的积极响应，也是对国家主体功能区战略的具体落实。实施渝东北和渝东南作为生态主体功能区战略，加快生态区“面上保护，点上开发”用地方式的改变，就是在“五位一体”总体布局指引下妥善解决发展与保护的重要实践，是以生态文明建设实现生产方式和生活方式的根本变革，为发展方式的转变奠定基础。

（2）实施乡村振兴战略的要求。实施乡村振兴战略，是党的十九大做出的十分重要的决策，是我国全面建成小康社会的内在需求，也是实现民族复兴的重要举措，同时还是国家全面实现现代化的重要历史任务，以及落实好中央“三农”工作的关键抓手。生态宜居是乡村振兴战略的关键，生态环境质量的好坏关系到农村是否宜居，而要成功实现乡村振兴伟大战略离不开生态宜居。良好的生态环境是农村的最大优势和宝贵财富，坚持人与自然和谐共生，走乡村绿色发展之路，守住生态保护“红线”，让良好生态成为乡村振兴的支撑点，美好的生态环境，山清水秀、天蓝水美、人和村美的乡村景观和风貌是我们建设生态宜居乡村的需求。生态区作为乡村振兴的重点区域，客观上要求在发展经济、构建现代产业发展新体系、转变经济发展方式、协调区域发展的同时，注重生态文明建设，优化国土开发格局，促进资源节约，实施重大生态修复工程，增强生态系统稳定性，改善人居环境。

（3）长江经济带发展战略的要求。长江经济带具有全球影响力的内河经济带、东中西互动合作的协调发展带、沿海沿江沿边全面推进的对内对外开放带、生态文明建设的先行示范带。应重点推进提升长江黄金水道功能、建设综合立体交通走廊、创新驱动促进产业转型升级、全面促进新型城镇化、培育全方位对外开放新优势、建设绿色生态廊道、创新区域协调发展体制机制等。2016 年 1 月，习近平在重庆考察时指出，重庆地处长江上游，而长江拥有天然且独特的生态系统，是中华民族重要的生态功能区和生态宝库，在当前和今后相当长一个时期，要把修复长江生态环境摆在压倒性位置上，做到共抓大保护，不搞大开发。

（4）长江上游生态屏障建设的要求。三峡库区生态屏障对于三峡大坝的安全和功能的充分发挥有着重要作用，同时也关系到整个长江流域的生态环境，影响着国家淡水资源库建设的大战略，因此，加强三峡库区的生态安全建设和环境保护对我国有着十分重要的意义。重庆三峡库区生态屏障区人口稠密，耕作强度大，坡耕地多，地形破碎，石漠化土地多，低效林地多，如何提高库区人民生活水平、增长地方经济是政府面临的重要问题之一。推进生态区用地方式的改变，就是在三峡库区生态屏障区实施生态保护的同时，在有条件建设区、允许建设区引入环保型产业，调整产业结构，促进地方经济增长，为库区生态屏障的建立提供经济基础。

（5）新型城镇化发展战略的要求。2014 年 3 月，《国家新型城镇化规划（2014—2020 年）》公布，所谓的新型城镇化就是要做到城乡一体、城乡统筹、产城互动、节约集约、生态宜居以及和谐发展的城镇化。新型城镇化对于保持经济持续健康发展，加快产业结构转型升级、解决农业农村农民问题、推动区域协调发展有着重要的意义。随着新型城镇化的建设，生态区农村人口逐渐向城镇转移，原有的宅基地逐渐废弃，耕地撂荒现象势必日益加重；而随着农民的集聚，新集镇的资源承载力越来越重。如何实现生态去发展与保护相协调，促进国土空间优化配置与生态环境保护相统一，推进生态区土地利用方式不断优化，已成为当前城镇化过程中的重要问题。

（6）坚持生态区精准配置用地的要求。为充分发挥国土资源的重要空间载体和要素支撑作用，进一步统筹好土地资源保障与保护，优化土地资源配置，加快管理制度创新，提升土地利用比较优势，更好地促进各主体功能区域特色发展、差异发展、协调发展、联动发展。重庆市国土房管局于2016年9月下发了“关于贯彻落实深化拓展生态功能区域发展战略，进一步优化配置土地资源的实施意见”，实施意见提出：渝东南和渝东北生态区要按照建设武陵山绿色发展示范区的要求，坚持“面上保护，点上开发”精准配置用地，强化生态保护和生态修复功能，推进生态退耕，合理确定耕地和基本农田保护任务，支持农业产业结构调整，促进特色资源转化；突出民族地区扶贫开发和特色生态经济发展，编制土地利用专项规划，保障渝东北地区和武陵山集中连片扶贫发展用地；保障基础设施互联互通重点项目用地；支持特色农业、民俗文化生态旅游、避暑休闲地产等点上开发用地；助推区县城、特色重点镇、特色工业园区、特色旅游开发区、特色农业示范基地等集约节约开发。

8.2.2 研究意义

（1）理论意义。本书着眼系统理论，提出生态区土地利用的理论分析框架，丰富和发展生态文明建设与主体功能区的理论体系；本书进一步明确了生态功能区土地利用保护的“面上保护，点上开发”的理论阐释，为生态区土地利用保护提供新的理论途径；本书还借助生态文明理论、土地生态学理论、系统论、可持续发展理论学科知识交叉，既促进相关学科融合发展，又为生态区土地利用保护提供了综合研究的视角。

（2）现实意义。本书坚持实证和问题导向，是对生态文明和国土空间优化的具体实践，研究成果将为解决当前生态区可持续发展问题提供借鉴，对于生态区土地利用保护具有较强的现实指导意义；对于国土空间优化等战略性安排具有重要参考价值，为不同类型地区提供实践参照。

8.3 研究目标及内容

8.3.1 研究目标

本书以重庆市生态区为研究对象，在RS与GIS技术支持下，运用案例分析方法、空间分析方法以及定性与定量相结合的分析方法，开展生态区土地利用保护相关文献梳理和典型案例探索，弄清生态区土地利用现状特征，构建生态区土地利用保护模式等研究，结合国内外生态区土地利用保护实践案例，设计重庆生态区土地利用的保障机制。

8.3.2 研究内容

（1）生态区土地利用研究的相关概念界定、现实背景与需求。

（2）生态区土地利用保护研究进展与实践。对有关生态区土地利用的理论进行系统梳理；为更好地推动和创新重庆生态区用地模式，通过资料收集整理和实地调研，总结了我国典型区域不同类型用地模式的成功经验，以期对生态区的用地模式提供借鉴。

（3）生态区土地利用研究的基础理论及启示。系统阐释生态区土地利用研究的基础理论和启示。

（4）重庆市生态区土地利用现状分析。利用 2011～2015 年的土地年度变更成果数据对重庆市生态区土地数量、分布和利用变化进行分析，为生态区土地利用模式的选择提供基础依据。

（5）重庆市生态区土地利用中存在的问题研究。以生态区用地配置、用地效率、土地生态保护、生态补偿机制、用地合法性、耕地撂荒等角度为切入点，对生态区用地问题进行分析。

（6）重庆市生态区“面上保护，点上开发”的土地利用模式研究。重点研究生态区人口转移导向性土地利用模式、产业发展导向性土地利用模式和生态保护导向性土地利用模式等。

（7）重庆市生态区用地管控与长效机制研究。对重庆市生态区土地利用提出管控措施和长效机制建议。

8.4 关键问题及创新之处

8.4.1 关键问题

通过摸清生态区土地利用现状及现有用地模式，探讨生态区土地利用的空间配置问题及其成因，提出生态区“面上保护，点上开发”的土地利用模式，在此基础上，构建生态区土地利用保护中“面上保护，点上开发”的用地管控与长效机制。

8.4.2 创新之处

系统地探索了生态区土地利用保护的典型经验与启示，从生态区的整体性和系统系的视角，提出生态区土地利用保护中“面上保护，点上开发”的土地利用模式，即重点研究生态区人口转移导向性土地利用模式、产业发展导向性土地利用模式和生态保护导向性土地利用模式等。

第9章　生态区土地利用保护研究进展与实践

9.1　国外生态区土地利用保护研究进展

长期以来，国外学者对土地利用的相关问题开展了积极的研究，但由于各个国家政治、经济及社会制度的不同，各自都有不同的关注焦点。例如，卡斯帕科夫（KasperKok，2004）着重研究洪都拉斯的人口密度和人口增长等因素对土地利用时空规模和格局的影响；唐纳利等（Donnelly et al.，2008）以印第安纳州中南部地区为实证区，利用1928～1997年历史平面地图建立地区土地利用所有权空间数据库，利用聚类分析将地块分为父母和子女特征性地块，以此分类叙述地块的变迁历史；蒂姆·迪克逊（Tim Dixon，2009）评论了过去50年英国城市土地格局和所有权模式及关键驱动因素，并预测土地利用未来50年的发展趋势，提出了土地利用应该在满足社会、经济与生态承载力框架下进行优化；彼得森等（L. K. Peterson et al.，2009）利用遥感和土地覆被数据，鉴于苏联（1975～1991年）和俄罗斯（1991～2009年）政体演变后森林管理体制变革，研究森林土地覆被格局变化和趋势，提出生态带土地利用应加强行政干预和管理；尼曼等（SWneman et al.，2010）探讨在美国明尼苏达州和加拿大安大略省南寒带复杂的土地所有权模式下恢复森林景观的策略，采用森林景观模拟模型来评估两个管理地和两个自然的情景共四个潜在模式的森林资源条件，提出国土空间利用的保护建议；弗兰齐斯卡·克罗尔等（Franziska Kroll et al.，2010）首次根据1995/1996年至2003/2004年统计数据研究整个德国人口问题（人口下降、老龄化、人口迁移等）与土地利用变化间的关系，提出了国土空间利用与社会经济发展的空间匹配对于土地自然属性保护的意义；黄甘霖等（Ganlin Huang et al.，2011）研究美国马里兰州流域土地表面温度的变化，发现城市“热岛”的“热点”范围内，地表温度是随高度可变的，并进一步以社区为基础探讨导致地表温度可变的社会因素；希腊派图拉斯（Patras）大学福蒂斯等（Fotios et al.，2017）以希腊山区为研究区，研究了基于过程的长时间序列土地利用变化，并以海拔和坡度为主要影响因子，揭示了研究区土地利用空间的变化特征；澳大利亚国际大学安哥拉等（Angela et al.，2017）研究了宁夏回族自治区土地利用变化，主要结合退耕还林还草工程解释了土地利用变化的驱动力，提出了草原生态区土地利用的主要模式。五尔根·布罗伊斯特等（Breuste Jrgen et al.，2013）认为城市生态系统服务、生物多样性土地生态功能更应受到重视。尼尔森（Nilsson P.，2014）则基于供需原理，评价得出城市人口越密集对城市土地生态利用需求越高等结论。

9.2　国内生态区土地利用保护研究进展

在国内，学者们对生态区土地利用模式的研究主要集中在农村土地利用研究、流域土地利用、城市土地利用研究等几个方面。

（1）农村土地利用研究：针对农村土地利用模式进行研究的学者主要结合大农业用途和新农村建设进行的，如李智广（2000）对秦巴山区作水县薛家沟流域土地持续利用模式进行了探讨，依据流域立体分异特性，提出平地以粮食种植、坡地以经济果木和防护林为主导的山地林果药菌立体开发的土地利用模式；王丽等（2004）从丘陵山地区域的自然环境条件和社会经济发展水平的实际出发，提出农林综合开发整理和新农村建设两种土地整理模式；饶坤玥（2013）以生态文明视角、旅游用地可持续利用、土地资源集约利用为基础，创新提出了旅游用地开发生态模式；储胜金（2004）认为，要调整保护政策，建立合理的补偿机制，在不同的生态功能区施行不同的土地政策，把生态旅游作为解决土地利用冲突的突破口；周传根（2014）利用模糊数学综合法建立土地利用生态风险评价模型，为生态功能区土地利用提供了优化方法；吴得文（2010）基于产业—土地利用视角对村镇住区进行类型划分，针对不同类型的村镇住区构建了公寓化、大分散小集中—建筑低密度高容积率的宅基地利用模式，这为农村宅基地利用尤其是生态区居民点建设具有重要的参考价值；李灵（2011）运用土壤质量综合指数评价不同土地利用方式对土壤质量的影响，结果表明，在水热条件较好的南方农村地区，采取封山育林和种植阔叶林的植被恢复措施更有利于提高土壤质量，这也为农村生态区国土空间利用提供了科学依据。

（2）流域土地空间利用保护研究：孙慧兰等（2010）对伊犁河流域的土地利用和生态系统服务价值的变化特征进行了研究，通过该区域 1985～2005 年的土地利用以及土地利用变更数据研究其变化，这也是在许多学者利用遥感数据研究土地利用之后，开始使用土地利用数据研究土地利用和生态系统服务价值变化；张瑞明等（2013）通过对环巢湖流域的土地利用变化和生态系统服务价值变化进行研究，为该流域的土地规划以及生态保护等提供了有力的科学依据；韩德军（2010）认为，太行山区小流域综合开发治理是推荐山地区域生态环境建设以及对平原城市发展的保障，通过运用划分小流域国土开发功能区域，提出科学的国土开发模式，为太行山流域国土开发提供了建议；金杰（2014）的研究结果表明，生态约束下的集约利用发展模式是高原湖泊流域城镇村土地集约利用和生态环境保护相协调的最佳模式；周利军（2009）的研究结果表明，扎龙自然保护区的土地利用以沼泽湿地为主，耕地和盐碱地的面积在持续增大，而沼泽湿地的面积在持续减小，从空间分布来看，扎龙自然保护区的生态风险指数呈条带状从区域内部向边缘逐渐增高，因而应优化自然保护区周边的土地利用模式。

（3）城市土地空间利用研究：李翅（2011）认为，区域发展中城市经济模式、城市集聚规模以及土地市场等因素对城市土地集约利用会产生很大的影响；丁成日（2010）对混合式国土开发对于城市交通产生的影响进行了探讨，提出将社区交通进行内部化的建议，尤其是对生态区快速城市化区域，应提高混合式土地利用模式；徐正全（2015）认为，随着老城核心区存量土地的更新改造成为现阶段城市用地开发热点，亟须研究不同发展模式呈现的交通特征以及对城市交通系统的影响；韩涛（2014）以共生理念为指导，提出生长性城市、复合性城市、均好性城市和市民农园的土地利用结构思想，并从大尺度角度对城市生态架构的生长模式进行了分析；周文竹（2012）基于我国当前城市空间蔓延、功能分区单一以及“以车为本”的场所设计，提出需要建立沿公交走廊的密度点轴结合发展（density）、用地混合多元布局（diversity）以及步行友好场所设计的用地“3D”发展模式，以减少机动化出行需求，这也生态区城镇化过程中土地利用提供了新思路。

9.3 国内外生态区土地利用保护研究进展评述

我国目前经济社会处于深度转型期，国土资源的合理利用对于经济社会的可持续发展至关重要，在土地利用规划中应融合生态保护和可持续发展的需求。目前，我国在进行国土开发利用规划编制方面，更多的是注重土地本身的适宜性评价，刚开始向融合生态环境保护和可持续利用阶段转型。与此同时，还需要进一步对理论基础和相关管理机制体制的创新进行完善。通过这种方式，可以使得我国土地开发利用向着可持续的发展转变，进一步对经济、社会和环境的发展起到促进作用。另外，国土资源是生态环境的重要载体，改变其开发和利用的结构会引起生态系统中类型和面积发生变化，因此，如何制定合理的土地利用结构，并且不对生态环境产生较大影响等研究一直我国学者的研究热点，但就近年来的相关研究，我国学者对国土利用领域的研究大部分是在围绕其利用效益和变化的驱动力方面以及其空间格局对生态环境效益的影响上面。对于重要生态区或生态带国土空间开发利用的相关研究比较缺少，特别是对于重要生态区域的国土空间开发和利用模式的研究相对较少。

纵观国外的研究和实践，其在生态环境保护和土地利用规划的协调中有了更深的认识。美国在国土空间的开发利用规划当中比较重视技术的开发和利用，擅长运用 GIS 和 RS 以及制图技术相融合的空间技术方法，由于地理空间数据和经济社会的属性能够较好地进行匹配，在一定程度上加快了国土空间开发利用的效率，为不同方案的选择提供了条件。美国的这种国土空间开发和利用模式对生态环境的保护和生态安全的稳定，以及提高国土空间利用效率起到了促进作用。以德国为代表，欧洲在规划内容上也采用了一系列的措施来改变原有土地的劣势规划。对于不同范围以及不同等级的规划区域，德国分别制定了国土空间开发和利用方案，联邦政府具体负责方案的制定，而地方政府则进行项目的实施，与此同时，联邦政府在制定规划方案时会考虑地方的实际发展需求，并制定比较宏观的战略性政策；地方政府的重点则是比较微观的具体编制计划，同时要充分考虑不同行业的国土需求，并结合不同空间活动及需求，做到综合考虑社会、经济以及生态环境建设的效益，从而满足国土有开发以及生态有保护的和谐发展模式。因此，国外相关实践在土地利用规划和生态环境建设中取得了较好的成果，也形成了一个较为完善的法律体系，保证了土地利用规划的顺利进行。

9.4 典型生态区用地实践

为更好地推动和创新生态区用地模式，通过整理，本书遴选了我国典型区域不同类型用地模式的成功经验，以期对生态区的用地模式有所启发。

9.4.1 香港——混合立体城镇土地利用模式①

（1）模式背景。香港目前人口约为 710 万，而其面积仅为 1100 平方千米，并且其地形起伏较大，除去不可利用的山地和丘陵地带以外，能够进行居住开发的用地很少，大约只占到辖区总面积的 22%。其人口密度高，土地资源十分紧张，但是港区内交通却较为便捷，四通八达，城市发展井然有序。以香港为代表的混合立体土地利用模式日益得到世界各地的认可，并成为集约用地效仿的对象。

（2）模式特征。一是香港城市建筑布局紧凑。香港城市建筑间距非常狭小，其目的是减少对交通用地的过度依赖。二是国土空间开发密度高。由于香港在土地上的先天不足，使其城市用地采取高密度化模式，建筑高度较高，无法在平面上扩展，只能对立体空间加强利用，一定程度上提高了土地使用效率，大大减少了建筑对土地面积的需求。三是国土空间的开发垂直化。一般情况下，在利用土地的时候将其划分为地面空间、地下空间以及地上空间。地面空间的功能是为城市提供交通和建设；地上主要用于修建人行天桥及公用设施，例如学校、展览馆等；地下主要用于修建地铁和周边的购物场所。四是底层空间开放化。在香港，一般建设建筑的高度都在 200 米以上，建筑的底层多半采用的是半开敞或者开敞的模式，底层一般来说会建设为公共区域的平台空间，通过平台将不同建筑物进行连接，并且根据不同的利用类型，可以将平台建设成为不同的场所，例如公园、医疗和景观。五是将居住社区作为重要部分的综合利用模式。一般来说，城市居住社区的功能主要是居住、

① 张豪. 论房屋拆迁中土地使用权的收回模式——香港的启示［J］. 中国土地科学，2009.

娱乐、商业以及公共设施等，但规定各类用地的总面积不能超过居住社区用地的 2/3。在香港所有的社区利用模式都是立体的，并且地面为私人空间，地下为公共使用空间。六是保障机制健全。首先，香港出台《城市规划条例》划定允许开发区和禁止开发区；其次，加大公众对规划的监督机制作用；最后，建立了规划委员会及规划上诉委员会，专门支持城市规划的法定机构，与此同时，成立了用地的评价标准，为城市规划进行技术和理论的支持，而不是单纯的通过土地的用途以及功能来对用地进行划分和评价。

9.4.2　湖北崇阳——“超市”城镇集约用地模式①

（1）模式背景。湖北崇阳县位于大湖山、大幕山以及大药姑山之间，在地貌类型上是属于低山丘陵区域，被群山环绕，四周高，中间低，下辖 12 个乡镇，总面积达到 17.28 万公顷，耕地占比不到 12%，非农业用地占总面积 7%，水域占比为 3.6%，整体地形是“八山半水半分半田”，为典型的山地多而耕地少并且欠发达的区县，人口总数约 48 万。目前，该县社会、经济和各项事业现代化同步加速持续发展，产业的发展催生了用地需求，由于先天用地条件不足，目前全县能增建设用地来源十分紧张，可供开发的土地较少，建设用地需求无法满足，已经成为该县经济社会高速发展的瓶颈。

（2）模式特征。一是规划先行，实行“六集中”。面对用地紧张的现状，该县将不同产业进行分类，集中用地，腾出空间进行开发。二是整合资源，构建六大“超市”。按照“产业聚集、资源共享、节约集约、盘活存量”原则，构建六大城镇建设用地“超市”。将城关中学、崇阳一中整体搬迁至教育城，建立“现代教育超市”；对县医院、中医院、天城卫生院以及县卫生局、药监局、防疫站进行了资源整合，整体搬迁，提档升级，打造现代卫生新城，建立中、西医结合的“医疗超市”；在城北新区新建一座 28 层的发展大厦，集中县财政局、发改局、统计局、物价局、计生局等 16 家行政部门集中办公，打造鄂南“行政服务第一超市”；将原来的县武装部、消防大队、武警中队、看守所、交警大队等 6 家用地单位整合搬迁，实行军、警培训场所等用地项目共享，建设军事“警务超市”；整合中心城区资源，建设商业

① 崇阳打造“集约用地超市”，人民网，http：//house. people. com. cn/n/2014/0214/c164220 - 24356846. html。

城，以“商业超市”提高容积率节约土地；城南建立工业园区，通过工业向园区集中，基础设施共享节省土地，建立“工业用地超市”。三是土地置换，盘活存量。对中心区域的教育用地采取土地置换方式为建设教育城缓解了资金压力，对中心区域的工业用地采取“退二进三”，盘活存量用地。四是探索创新，建设用地新机制。初步建立起五大节约集约用地机制：其一，建立强力宣传机制，通过发放宣传单、创办宣传专栏、制作宣传横幅、召开专题会议，并利用电视网络、手机短信等宣传媒介，广泛宣传集约用地、保护耕地的重大意义。其二，建立政府考核机制，建立了土地保护利用行政首长负责制、节约集约用地考核制，将节约集约利用纳入各乡镇政府年度目标考核和党政领导班子考核体系。其三，建立部门联动机制，县规划局、县发展改革局联合下发了《崇阳县建设用地项目指标标准》；县监察局、县国土局联合下发了《崇阳县闲置土地清理处置方案》；县政府制定了《崇阳县控制和查处违法建设和违法用地暂行办法》，成立了由监察、规划、公安、国土等27 个单位组成的工作指挥部，组建了工作专班。其四，建立企业考评机制，开展投资企业绩效考评，并将考评结果与奖励机制、约束机制、退出机制相挂钩。其五，建立双向控管机制，严格审批用地，建立县、乡、村三级联合审批制度，严格控制产业用地规模、投资强度、产出率，增加产值能耗控制指标，坚决控制不合理、不合规的各项用地，杜绝浪费土地资源。

9.4.3 贵州仁怀——工业梯田园区用地模式

（1）模式背景。“中国酒都”是仁怀市的一个重要名片，仁怀市处于贵州省的西北区域，在赤水河的中游位置，背靠红色旅游城市遵义，大娄山脉西段北侧，属于云贵高原向四川盆地过渡的典型的山地地带，是黔北经济区与川南经济区的连接点，是驰名中外的国酒茅台故乡。山高坡陡、沟壑纵横，人均耕地不足七分是仁怀市用地的基本情况，据测算，“十二五”期内，仁怀工业发展、城乡建设及交通、水利等重点项目建设规划用地约需 5800 公顷，而《仁怀市土地利用总体规划（2006—2020 年）》确定的新增建设用地指标仅有 3369 公顷，目前已用去 1800 公顷，剩余指标远远不能满足发展需求。按照“布局集中、项目集聚、用地集约、产业集群”原则并结合市情，仁怀市提出建设名酒工业园区的构想。

仁怀名酒工业园区包括生产园区和包装配套产业园区。生产园区规划面积约666.67公顷；包装配套园区规划面积约200公顷，主要以酒类及配套产业、仓储物流为主。仁怀名酒工业园区期望通过聚集效应将原有分散的近20家白酒企业规划到园区实施统一管理，以达到节约集约用地、保护生态环境，进而促进仁怀市经济社会全面发展的目的。园区建设结合市情，采取向荒山荒坡要地，立体用地，节约用地、严控管地等策略，使园区企业厂房依山建设，形成蔚为壮观的“工业梯田”用地特色。

（2）模式特征。一是选址科学。由于酱香型白酒产地独具“稀缺性”和“不可替代性”，土地资源极为特殊，科学利用茅台地区紫色土、海拔500米以下湿热河谷气候和几千年来形成的微生物群落等自然条件方能酿制酱香型白酒。因此，结合酱香型白酒生产特点，并依据全市土地利用总体规划和城市规划，将坡耕地在25度以上，未利用地较多的坛厂镇樟柏村等区域规划为园区。二是立体用地。向地下、空中要地，改变传统园区厂房水平延伸布局建设模式，将窖池、晾堂、曲药房等进行楼层式布局，使制酒、制曲、酒库等车间建设向地下、空中延伸，多层次、立体化，减少车间建设占地面积，提高土地产出率一倍以上，切实提高容积率、投资强度和土地产出率。据初步统计，通过多层标准化厂房的建设，节约用地达233余公顷。茅台酒厂的环山酒库建设是向“空中要地”的一个典范。与采石企业结合，将开采的碎石转卖给采石企业，实现资源有效利用。三是节约用地。为节约利用土地，将名酒园区的坛厂镇配套园区部分的建设用地表面的耕作层剥离出来，迁移至距离园区21千米的石漠化土地开发区域，增加耕地19.8公顷。四是政策扶持。该市政府专门出台了“工业上山”的扶持政策：凡落户低丘缓坡地工业园区且符合国家产业政策的项目，土地出让年限可在不超过最高年限的条件下，按业主需要确定；政府每年从经营性房地产项目用地出让金收入中，按不少于5%的比例提取工业用地调节资金，专项用于低丘缓坡地工业配套设施建设。五是用地管控。加强监管控制，保障土地合理利用，该市出台和实施了一系列行之有效的政策和机制。约束政策上，首先，分阶段出让。实行工业用地出让后，分两个阶段签订出让合同。第一阶段年限为3年，第二阶段年限为7年。企业完成第一阶段投资承诺后，才能签订第二阶段的出让合同，否则退出。其次，提高园区准入门槛，严禁闲置，低效用地。规定用地规模在6.67公顷以上，白酒产能2000千升以上，每公顷投资强度4500万元以上，税收贡献不低于150万元/公顷的企业才能入园。激励政策上，首先，对于投入少，产出率大的入园企业，优先供地；对于产能过剩，重复建设的工业项目停止供地；其次，鼓励企业开发利用地上地下空间，对企业新建厂房二层以上的减半收取基础设施配套费等。

9.4.4 重庆——农村建设用地“地票”交易模式①

（1）模式背景。2008年底，经国务院批准，全国统筹城乡综合配套改革试验区，重庆市推出全国首家农村土地交易所，探索农村集体建设用地和城市建设用地指标进行置换的“地票”交易，以破解城市发展扩张缺乏空间与农村建设用地闲置的难题。专家认为，这一“多赢”的制度，拓宽了城市用地渠道，强化了耕地保护，使农民土地收益显著提高。

（2）模式特征。首先，将闲置的农村宅基地及其附属设施用地、乡镇企业用地、农村公共设施和农村公益事业用地等农村建设用地进行专业复垦，经土地管理部门严格验收后，增加的耕地面积由市土地行政主管部门向土地使用权人发给相应面积的“地票”（实际是先补后占）。其次，将“地票”拿到土地交易所内进行交易，购得者可纳入自己的新增建设用地计划，增加等量城镇建设用地。再次，在城市落地使用时，必须符合土地利用总体规划和城乡总体规划，办理征收转用手续，完成对农民的补偿安置。最后，地票收益分配全部反哺“三农”。对于农民申请宅基地进行复垦并且符合要求的，可以给予农民三项收益。其一，参照当地征地拆迁的补偿标准对农民宅基地上的房屋和附着物进行经济补偿。其二，对农民购房进行补贴，对于复垦工作产生的耕地可以由农户进行承包耕种；如果是集体经济组织的“地票”（例如乡村公用设施或乡镇企业废弃的建设用地），则按照乡镇国有土地出让金标准给予所有权补偿，主要用于村民的社会保障，在“地票”收益中还将拨付给复垦区县一笔耕地保护基金或用于农村基础设施建设的专项基金。其三，“地票”落户区县还将获得约占“地票”交易总额10%左右的新增建设用地有偿使用费，用于改善当地农村发展条件。

9.4.5 宜兴——集体建设用地年租制用地模式

（1）模式背景。宜兴作为无锡“一体两翼”格局中的重要板块，是苏南

① 杨继瑞，等. 统筹城乡实践的重庆“地票”交易创新探索［J］. 中国农村经济，2011.

乡镇企业发展起步较早的地区，20 世纪八九十年代，快速崛起的乡镇企业大量使用集体建设用地。1993 年开始的乡镇企业改制过程中，原集体建设用地的管理不够完善，企业依法规范和节约用地意识不强，土地利用效率普遍低下。在这样的背景下，不少镇、村开始结合地方实际情况尝试推行土地有偿使用，试点以土地年租金替代企业经营上交款的管理模式，走出了集体土地租赁流转的第一步，经过逐步探索，1999 年，宜兴以新《土地管理法》实施为契机，全面推行土地年租制，除宅基地和公共设施、公益事业用地外，各类镇、村企业使用集体用地的，全部实行租赁供地。由此，宜兴成为全省乃至全国较早推行土地年租制的县市之一。

（2）模式特征。一是政府政策指导。1999 年，宜兴市人民政府出台了《关于实行租赁供地收取土地年租金的意见》规定对符合土地利用总体规划、城市规划或村庄集镇规划，权属合法，界址清楚，已经依法批准为建设用地的农民集体所有土地，参照国有建设用地管理，由土地使用者与农村集体经济组织签订租赁合同，统一实行租赁供地，土地使用者每年向村集体缴纳土地租金。2002 年，又出台了《市政府关于加强租赁供地收取土地年租金工作的意见》，对不符合国家划拨用地目录的所有建设用地，除有偿出让外，全部实行租赁供地，同时也对土地租赁的年限、土地年租金的标准、土地租金的收缴管理、土地租赁的办理程序与合同规范以及相应的监督管理等事项做出了明确的制度规定。二是土地租赁实行“长租短约”，具体租赁年限由市国土资源管理部门、农村集体经济组织与土地使用者在租赁合同中约定，但不得超过规定的最高年限；在土地租赁期内，规定土地租金每隔 3 ~ 5 年就应做出相应调整，每次幅度不超过 20%。三是土地租金由集体经济组织书面委托市国土资源管理部门每年统一收缴一次；承租人逾期一年未按规定缴纳租金的，出租方可以解除租赁合同。四是监管措施严格。宜兴市政府不仅要求集体建设用地承租人必须依法使用土地并按期缴纳土地租金，还实施了严格的土地证书年检制度，对于不按规定缴纳租金的，不办理年检手续的，不予办理土地使用权抵押登记手续，土地使用权不受法律保护，此外，对于集体经济组织的土地租金收入实行“村账镇管”制度，要求农村集体经济组织的资金使用接受镇政府的监管。五是收益分配民主。对于集体建设用地使用权流转收益的分配，主要采取民主决策的办法。通常是通过村民大会表决，做到收益分配的民主和透明，同时也确保这部分土地收益更多地用于农村基础设施改善。

9.4.6 赣州宁都——农村社区集中用地模式[①]

（1）模式背景。2009 年，江西赣州市宁都县赖村镇下屋、店下、松山三个自然村落人口 568 人、96 户，人均居住面积 21 平方米。其社区土地利用率低下，且居住环境较差。一是居民分散杂乱，一层的砖瓦房、土坯房随处可见；二是人均占地结构不合理，部分家庭大量闲置房屋和土地的同时，还有部分家庭却无地可建；三是村民逐渐富裕后，改善住房条件的愿意越来越强烈，不拆旧房，建新房开新地，社区范围已无法满足建新房的需求，为寻求更好的居住环境，势必向外占用耕地建房。近些年来，利用新农村建设的契机，在各级政府和有关部门的指导和帮助下，三个自然村落的村民发挥主体作用，对原有宅基地进行科学规划，综合利用各种措施，破解了社区建设中土地供给和需求的矛盾，将原来的旧村落初步建成了一个美好的松山新社区。目前新社区安排 103 户、人口 644 人，人均居住面积约 43 平方米，在不增加占地情况下，人均居住积较改建前提高了一倍。

（2）用地模式。一是科学规划控地。在社区建设中，规划是确保农村有序建房的依据和基础。为了集约节约土地，通过科学规划控地，达到内涵挖潜的效果，提高土地利用率，从源头上控制了乱占耕地建房的现象。二是旧村改造盘活土地。为了有效地利用土地，盘活社区内的空闲地、未利用地、老宅基地，村里成立了以德高望重的村民为成员的社区改造理事会。理事会协助县土地管理部门、村委会做好旧村改造和节约土地的宣传工作，充分听取村民意见，做好思想工作。以理事会名义收回村内集体的空闲地、未利用地、老宅基地，统一拆除旧房、“空心房”、闲置厕所等，盘活出土地 10500 余平方米。三是三村合一腾地。在充分尊重农民意愿的基础上，科学规划，打破原来三个自然村落分散的自然结构，将三个自然村落整合为一个新社区，利用倒腾退出的土地，共建共享公共设施，完善了社区的功能，提高了社区居民的物质生活水平，丰富了其精神文化生活。四是土地流转退地。在新社区建设过程中，为了落实“一户一宅”政策，理事会引入农村集体建设用地流转机制，搭建了土地流转平台。村委会、理事会充分与居民协商，引导农户将历史上多占的土地有偿退回集体，然后理事会按成本价转让给没有或宅

---

① 中国赣州党务公开网，http：//www. gzdw. gov. cn/n289/n431/n646/c4910356/content. html。

基地不足的农户。利用了经济杠杆，破解了集体土地流转的难题，建立了集体建设用地退出机制，提高了土地利用效率。五是新式户型节地。为节约用地，向农民推荐节地户型。通过宣传，破除原来乱占滥用土地建大户型的传统观念，同时通过资金奖励、政策扶助、技术服务、审批推荐等措施，树立节约用地新理念。通过此措施节省了20000平方米土地，提高土地利用率60%以上。

9.4.7　浙江丽水——经济发展和耕地保护城乡统筹兼顾模式①

（1）模式背景。丽水市位于浙江省西南部、浙闽两省的交界处，是浙江省典型的面积大而人口密度低的区域。其植被覆盖率高达80.8%，用地类型呈现出“九山半水半分田”的现状：整个区域的山地占地比例为88.5%，耕地占5.53%，其他用地等占6.07%。丽水市于2000年进行“撤地设市”，城市的扩张需要大量的可开发利用的土地，而当时丽水市拥有的经济开发区仅为3.5平方千米，能够被用作工业的土地不到1平方千米，对于这种情况，丽水市面临两难的问题，对于扩展城市空间，需要跨过江或者进入平原地区。不过，面积达到4000公顷耕地的碧湖平原地区一直是丽水的宝贵平原之一，同时为浙江省粮食的重要来源。

（2）模式特征。 是政府组织管理有序高效。地方政府在促发展的同时，力保耕地红线不动摇。做到五个到位：组织领导到位、规划完善到位、依法操作到位、机制建立到位、规范管理到位。二是产业引导用地。将国家确定的低丘缓坡综合开发利用试点区与本地的生态产业集聚区建设有机结合。三是指导思想明确。坚持“稳步推进，有序发展，生态优先、保建并重”原则。在非优质开发地域的综合利用方面，将生态文明放在重要位置，完成好土地的开发利用对环境的影响评价、水土资源保护评价、地灾评估和压盖矿产资源等前期基础工作，充分体现低丘缓坡综合开发利用试点的“综合”开发利用理念，在编制低丘缓坡综合开发利用实施方案和修改试点区土地利用总体规划时，坚持宜农则农、宜建则建原则，按照“随形布局、就势建设”方针，尽量多保留山体和水系，努力实现建设“山在

---

① 朱土兴，等，欠发达地区城乡统筹发展模式选择——以浙江省丽水市为例［J］. 丽水学院学报，2011.

城中、城在林中、山水相依的宜业、宜居、宜游生态新城（新区）”的目标。四是多部门协调，“三规”合一。也就是国土开发、城市建设以及林业管理等部门进行合作协调，在低丘缓坡试点区的国土空间开发和利用，城市、村庄与集镇规划及林业规划“三规合一”上进行了试点和探索。严格按照经省国土厅批准的《丽水市低丘缓坡综合开发利用试点实施方案》进行建设详细规划、土地整治规划。五是积极引入市场机制和完善监督检查制度。试点大平台招商推动项目落地；采取工作旬报、月报及督查制度，定期或不定期召开汇报会、推进会，通过检查指导和督促鞭策，营造各试点组团之间“比学赶超”的氛围。

9.4.8 重庆万州——高山生态扶贫搬迁模式①

（1）模式背景。万州区位于三峡库区腹心、位于重庆市东北部，辖区面积3457平方千米。全区辖11个街道、29个镇、12个乡。2012年末总人口158.31万人，其中非农业人口77.76万人，累计搬迁安置移民26.3万人，属于重庆所有区县中人口最多的区县，其三峡库区的移民任务也是最重，城市建设用地的体量也最大，是重庆市的第二大城市，也是新一轮国家扶贫开发工作重点区县。

万州山大坡陡，七山一水两分田，农业基础条件十分脆弱。绝大部分已通公路路况差、等级低，常常是晴通雨阻。病害水利工程逐年增多，蓄引提水能力弱，农田水利设施还不能完全抵御自然灾害的侵袭，农民没有完全解决温饱问题，没有相关产业支撑，还是传统的靠天吃饭的情况，农村尚有饮水不安全人口58.51万人。38个村没有建立村级卫生站，25所乡镇卫生院未达标。另外，耕地质量较差，坡度在25度以上，既不保水、又不保土、也不保肥的坡耕地有23608公顷，占耕地总面积的40.8%。同时，生活在自然条件极为恶劣的高寒偏远山区、深山陡坡峡谷地带和生态脆弱区的人口，因气候恶劣，耕地瘠薄，就医入学行路难，不适宜居住。

（2）模式特征。一是编制高山生态扶贫搬迁规划，统领全局工作。在充分尊重和了解高山移民实际需求的基础上，按照国家和重庆市发布的相关文件要求，编制了《万州区高山生态扶贫搬迁2013—2015年总体实施规划》。

---

① 上游新闻，https://www.cqcb.com/county/wanzhou/wanzhounews/2017-08-12/440721.html。

从目标和搬迁原则、思路和重点、方式和时序上进行了规划。二是建立推动生态扶贫搬迁的组织机构。成立由区委常委、分管副区长为组长、副组长，区委办、政府办、区发改委、扶贫开发办、城乡建委、财政局、交委、农委、民政局、水务局、林业局、国土资源局、金融办、商务局、土地整治中心等相关单位主要负责人为成员的工作领导小组，进行统一指挥和协调，促进该区域的高山生态搬迁移民工作的顺利进行，在万州区发改委成立办公室，并由其他相关部门选取工作人员保障日常工作的正常实施。其他各部门各自负责与扶贫有关的工作。三是实施移民搬迁的项目管理。抓好高山生态扶贫搬迁工程建设项目的管理，严格执行项目法人、质量监督、工程合同、工程监理、检查验收和资金专款专用等项目管理制度。按有关规定实行招投标制度。四是建立生态扶贫搬迁的档案管理制度。对搬迁户档案实行一户一档、一乡一册、一年一卷，由各街道、镇乡整理建档，搬迁安置区建公示碑，搬迁户贴公示牌。五是生态扶贫搬迁的绩效考核制度。区委、区政府按照高山生态搬迁考核办法，根据年度目标任务完成的实际情况对镇乡街道进行考核，考核结果纳入镇乡工作年度考核体系，并将任务完成情况与下年度指标安排挂钩。六是高山搬迁的生态性、市场性和形式多样性。主要表现在对搬迁后留下的建设用地进行土地复垦或生态修复，增加了耕地或林地面积等生态用地；对搬迁移民的建设用地指标实行“地票”交易，所得收益补偿移民搬迁建设费用；对搬迁移民的建设用地安置采取集中划拨、低海拔闲置建设用地置换等形式。七是多渠道利用资金，推动高山生态搬迁移民工作顺利进行。

9.5　生态区用地模式的启示

9.5.1　科学统筹合理规划是前提

在区域经济社会发展中，土地资源作为一种最重要的载体之一，其中任何一种土地利用方式都须规划先行。我国现实国情和生态区社会经济发展特征，决定了土地的稀缺性更为突出，生存与发展矛盾更为尖锐，土地利用规划显得更为重要。

9.5.2 节约集约因地制宜是目标

上述几种模式背后的指导思想都是如何因地制宜，节约集约利用区域建设用地。工业梯田模式是合理利用低山荒丘地，其立体用地值得借鉴；丽水城乡统筹模式是生态保护和经济发展有机融合用地的典范；超市用地、混合用地、农村社区用地模式是从空间上和功能上进行集约用地的探讨；农村建设用地年租制是新形势下降低中小城市企业成本、提高农村闲置建设用地的有效利用的有益尝试。

9.5.3 市场和民生导向是基础

供地需要受用地影响，而用地者类型多元、需求多样需要供地者与时俱进。在严格土地用途管制、土地供应的基础上，还需要供地者灵活考虑市场和民生需求。农村社区建设离不开当地村民理事会的支持；工业梯田模式中的“建设—移交”（BT）建设模式、与采石场企业合作、分期供地、先租后出让、标准厂房等都是适应市场需求的举措。

9.5.4 供地—用地—控地是系统

用地模式是一项系统工程。它包含供地—用地—控地几个重要环节。上述模式中，供地数量和供地类型、供地方式都值得学习。供荒丘地、未利用地、闲置地、低利用率地是盘活存量的有益尝试；腾笼换鸟、土地置换、增加挂钩、占补平衡、地票交易、社区园区集中是供地方式上的创新。用地上混合用地、集中用地、立体用地、分期租赁用地以及控地上的门槛进入、考核激励、刚性约束、宣传节地、退出机制等都是值得学习的经验。

第10章　生态区土地利用研究的理论基础及启示

生态区土地利用研究涉及多学科的交叉，根据已有文献，主要涉及土地生态学、主体功能区、景观生态学、土地利用优化配置、系统论、可持续发展等理论。

10.1　土地生态学理论

10.1.1　土地生态学理论概述

土地生态学（land ecology）是应用生态学的一般原理，研究土地生态系统的能量流、物质流和价值流等的相互作用和转化，开展土地利用优化与调控的学科。其任务一是研究和分析土地生态系统当中的物质、能量和价值的流动以及相互作用的规律；二是通过运用生态学学科的相关理论对国土资源的科学利用提供参考。该学科是以土地为研究对象，通过物质流、能量流、信息流、价值流在土地上的传输与交换，通过生物、非生物和人类之间的相互作用，运用生态学和系统科学的原理和方法，研究土地生态结构和功能、土地生态变化以及相互作用机理、土地生态格局，为优化土地资源利用和保护服务，能够为社会、经济的发展，以及地球资源的可持续利用和保护产生重要意义的一门学科。

作为一门交叉学科，土地生态学概念体系分成两部分：一部分来源于相邻学科，例如土地、生态、生态系统等；另一部分是土地生态学发展过程中形成的概念，例如土地生态功能、土地生态过程、土地生态变化、土地生态分异等。土地生态学是土地科学中的基础性学科，也是一门应用学科。它既研究土地生态功能、土地生态过程、土地生态变化、土地生态分异等基础理论，又研究和开发土地生态调查、土地生态评价、土地生态规划和设计、土地生态恢复和重建、土地的生态管理和管护等技术方法，还涉及土地生态经济、土地生态伦理等社会科学范畴。中国开始系统地进行土地生态学研究是在 20 世纪 80 年代末至 90 年代初。较早明确提出进行土地生态研究的是景贵和，他指出，土地生态评价除一般土地评价外，应着重考虑几种生态特性才能更好地为国土规划中的环境综合整治服务，并应在总结群众经验的基础上，利用景观生态学的原理，建立理想的人工控制的自然、社会、经济复合系统，即开展土地生态设计。2003 年中国第一部土地生态学著作出版，2004 年谢俊奇在《未来 20 年土地科学与技术的发展战略问题》一文中指出，土地科学的四大基础学科是土地资源学、土地经济学、土地生态学和土地规划学，进一步系统地勾画了土地生态学发展的战略目标，即建设土地生态学知识体系。

10.1.2 对生态区土地利用保护的启示

生态区土地资源的功能是多样性的，具体可分为生活、生产和生态三种，从生态系统对区域的服务功能视角来看，其又能够拥有供给功能、支持功能，以及调节、文化和景观的功能。国土资源管理的核心内容是在利用的基础上进行保护。如何解释土地利用的合理性呢？运用土地生态学的观点可以看出，合理的土地利用一般是有目标的，在特定的范围内，使土地的功能可以正常的发挥。目前，国内外相关学者的一个十分重要的研究领域为生态系统服务的平衡以及范围内的集成。主要观点是：土地的功能是多样化的，多样化的功能大多数情况下是可以相互促进的，也有部分时候是相互抵触的，因此，如何做好土地功能在不同的生态系统服务中的平衡，同时在特定范围内使其功能充分发挥作用就成为一个重要的科学研究问题。在管理决策制定的时，既要规划到位，同时又要保护好，并且要使土地的作用充分发挥。

10.2　主体功能区理论

10.2.1　主体功能区理论概述

主体功能区规划是我国区域经济可持续发展观的重大创新。著名学者魏后凯（2007）的观点是，需要对国土空间中主体功能区的规划以及区域空间利用的秩序进一步优化和界定，也就是说，需要通过特定的指标对主体功能区进行科学划定，并且承担主体功能区特定的功能。冯德显（2008）认为，对主体功能区的划定和统筹需要充分考虑区域的发展背景和趋势，例如人口现状、国土空间开发利用情况以及区域特定生态功能的变化等因素。然而，很多学者认为，主体功能区规划不能一概而论，需要依据不同地域的生态环境承载力和资源状况以及国土开发利用的密度和未来发展潜力等因素来综合考虑。对于某种特定主体功能区的划分需要依据区域专业化的分工情况和协调发展原则进行划定。一般情况下，国土空间的功能是多样化的，但肯定有至少一种主体功能。我国地域广袤，地形地貌差异较大，各地区的环境和资源各不一样，因此，不同的地区不能按照一个标准和模式来进行发展，应该是在全国整体发展规划的大背景下，综合考虑地方的具体发展情况进行主体功能区的划定和利用。目前，我们国家的国土开发的方式主要为优化区域、重点区域、限制区域和禁止区域。在探索主体功能区内涵的过程中，国内很多学者也对主体功能区与生态功能区划之间的区别与联系进行了深入研究，部分国内学者认为，由于主体功能区划主要以资源环境承载能力为基础，因而生态功能区划是主体功能区划的重要内容。

10.2.2　对生态区土地利用保护的启示

主体功能区规划是国土空间开发的基础依据和行动纲领。生态保护红线是保障和维护生态安全的最基本要求，是主体功能区规划实施的有效载体和保障。生态保护红线的划定对主体功能区规划中优化开发区、重点开发区、限制开发区和禁止开发区的落实均具有较好的推动作用，通过生态保护红线的划定，可有效地协调和促进主体功能区规划的实施，为生态区土地利用保护提供政策支撑。

10.3 土地利用优化配置理论

10.3.1 土地利用空间优化配置理论概述

国土利用空间优化配置是指土地要素在地域空间上的定性、定量和定位，是全球学者研究的热点内容。土地利用优化配置是指对国土资源进行开发利用，同时对社会、经济和生态环境三者的协调发展提供促进作用。其方式主要是对于区域的国土资源在开发方式、用地数量，以及机构、布局和土地的综合效益等方面所进行的优化。最先开始的相关研究课题是关于土地利用的数量和结构的优化，在越来越多的研究进行下，传统的优化研究主要集中在以经济效益最大化为目标的数量结构优化，已不能解决目前国土空间开发利用中存在的大量问题，而国土空间的优化配置也已经成为当前土地资源优化配置的重要内容之一。土地利用空间优化配置（spatial optimization allocation of land use）是指，在既定的规划目标前提下，根据一定的技术手段和方法，对某一区域范围内的土地资源，从利用结构、利用方式、时空等角度进行系统、科学、综合的安排，设计和布局，并得到由点、线、面组成的多目标、多层次、目标效益最大化的土地利用空间配置方案。土地利用空间优化配置理论对于国土空间优化具有较好的指导意义。

10.3.2 对生态区土地利用保护的启示

生态区土地利用保护的本质在于土地利用空间优化配置，着眼生态区点、线、面的协同利用保护，通过科学合理的“面上保护，点上开发”的土地空间配置模式，贯穿国土空间开发利用的整个过程，具体包括从国土空间的利用结构、方式和时空特征等视角进行的科学、系统的筹划，以实现生态区土地可持续的利用保护路径。

10.4 系统论

10.4.1 系统论概述

系统论的核心思想是系统的整体观念。该理论认为任何系统都是一个有机的整体，它不是各个部分的机械组合或简单相加，系统的整体功能是各要素在孤立状态下所没有的性质。系统论是研究系统的结构、特点、行为、动态、原则、规律以及系统间的联系，并对其功能进行数学描述的新兴学科。系统论的主要任务就是以系统为对象，从整体出发来研究系统整体和组成系统整体各要素的相互关系，从本质上说明其结构、功能、行为和动态，以把握系统整体，达到最优的目标。

10.4.2 对生态区土地利用保护的启示

生态功能区可以视为一个完整的生态系统，系统整体和组成系统整体各要素的相互关系具有结构性、功能性、联系性和动态性等。因此，在生态功能区的空间利用保护中，要注重局部利用对整体保护的影响，以及整体保护对局部利用的影响。采取科学合理的“面上保护，点上开发”的土地空间配置模式，其中的点与面的关系既相对立，又相辅相成，两者关系可以看作“局部与整体”“图与底”等关系。点的开发可以促进面的保护，面的保护又可以为点的开发带来发展的动力，点上开发在一定程度上是由面来决定的，面的保护水平在一定程度上取决于点的开发内容与形式。

10.5 可持续发展理论

10.5.1 可持续发展理论概述

可持续发展是 20 世纪 80 年代提出的一个新的发展观。它的提出是顺应时代的变迁、社会经济发展的需要而产生的。可持续发展是一项宏大的系统工程，它不仅要求经济的增长，更需要体现经济、社会、环境、人口等各方面的相互协调，实现持续性的、全面的发展。可持续发展的基本内涵涉及两个方面，一是代际公平，即前代人的发展不以后代人的损失为代价，而要为后代人创造更为有利的生存和发展条件；二是区际公平，即本区域的发展不以其他区域的损失为代价，而要在相互发展中相互促进，保证“双赢”局面。

10.5.2 对生态区土地利用保护的启示

在区域尺度上，生态区是区域系统和区域本底的重要组成部分，在区域生产空间、生活空间和生态空间的“三生空间”中，生态区是生态空间的重要载体，决定了区域“经济—社会—生态—人口”复合系统的可持续发展。因此，必须建立“经济—社会—生态—人口”多要素协同的可持续发展系统，以代际公平和区际公平为目标，通过生态补偿等手段，促进生态空间的可持续发展；在生态区内部，通过“面上保护，点上开发”的土地空间配置模式，实现经济、社会与生态的可持续发展。

第11章　重庆市生态区土地利用现状分析

11.1　生态区基本概况

11.1.1　生态区综合概况

重庆市生态区是指渝东北地区和渝东南地区，其定位为国家级生态功能区，其重要任务是加强对生态环境的保护力度、为区域提供生态绿色产品、大力发展生态产业和经济，落实“面上保护，点上开发”的国土空间用地模式。其目的是切实做到保护好三峡库区的生态环境，山长青，水常绿，同时承担起长江流域上游重要生态屏障责任，这也是国家发展战略的内在需要。针对生态环境脆弱及敏感的特点，需要特别加强保护，同时需要注意减少人为对生态环境的干扰，提升生态环境承载力，增强生态系统的自我恢复能力，承担起武陵山重要生态屏障的担子。地理位置介于东经107°13′～110°11′、北纬28°9′43″～32°12′之间，生态区总面积为5.37万平方千米，主要包括万州、开州、梁平、云阳、奉节、巫山、巫溪、忠县、垫江、丰都、城口、黔江、武隆、石柱、秀山、酉阳、彭水17个区县，与陕西省、湖南省、贵州省、湖北省以及重庆市长寿区、涪陵区、南川区相接。截至2016年，区域总人口约1400万。该区域既是三峡库区腹心地带，又是典型喀斯特地貌区。

11.1.2　渝东北基本概况

（1）范围。渝东北地区包括万州、梁平、开州区、云阳、巫山、奉节、巫溪、垫江、丰都、忠县、城口共计 11 个区县，辖区面积达到 3.39 万平方千米。

（2）特点与任务。特点：该区域既是大库区，即三峡库区，同时也是秦巴山连片的国家级特困地区，发展压力最大的同时，环境保护的任务也最重。2016 年常住人口约为 816.65 万人。任务：实现生态涵养，突出发展理念和发展方式的转变，坚持三峡移民后续发展连片，贫困区扶贫开发并举。从 2020 年开始，规划用 10 年左右的时间，引导转移人口 130 万，常住人口减少到 700 万左右，森林覆盖率达到 50% 以上。

（3）定位与路径。定位：国家重点生态功能区和农产品主产区，长江流域重要生态屏障和长江上游特色经济走廊，长江三峡国际黄金旅游带和特色资源加工基地。路径：把生态文明建设放在更加突出的位置，引导人口相对聚集和超载人口梯度转移，着力涵养保护好三峡库区的青山绿水，提高基本公共服务水平。

（4）社会经济。2016 年，渝东北实现地区生产总值 3034 亿元，同比增长 11.19%。分产业看，第一产业增加值 410.53 亿元，增长 6.2%；第二产业增加值 1309.13 亿元，增长 12.9%，其中工业增加值 827.58 亿元，增长 10.1%；第三产业增加值 1314.34 亿元，增长 11.3%。2015 年，渝东北完成固定资产投资 2978.26 亿元，同比增长 17.8%。其中工业投资完成 790.34 亿元，增长 15.2%；房地产开发投资完成 338.21 亿元，增长 24.1%。另外，渝东北实现社会消费品零售总额 949.83 亿元，增长 14.0%。①

从概念和内涵上来说，渝东北地区是根据自然环境特征进行的生态功能区规划，它是在生态建设和保护的基础上大力发展生态友好型产业，为区域可持续发展提供生态服务和生态产业功能。其主导功能是以提升生态涵养功能、促进富民就业为核心，强化生态修复与水源保护，完善生态补偿和后期管护机制，同时大力发展生态农业、生态旅游业等生态产业，推动城市公用设施和服务向生态涵养发展区延伸，促进生态特色城镇和美丽乡村建设发展。渝东北基本概况详见表 11-1。

---

① 《重庆统计年鉴-2017》。

表 11 – 1　渝东北基本概况

行政区	位置	面积（平方千米）	人口（万人）	行政区划	地质地貌	气候	主要水系
万州区	位于四川盆地东缘，重庆市东北边缘，地处北纬 30°24′25″～31°14′、东经 107°55′22″～108°53′之间	3457	175.77（2013）	52 个乡、镇、街道办事处	跨川东褶皱带，大巴山断皱带及川、鄂、黔隆起褶皱带，地貌多样	亚热带季风湿润气候	长江，苎溪河、渡河、石桥河等
开州区	位于重庆市东北部，地处长江之北，在大巴山南坡与重庆平行岭谷结合地带。地处北纬 30°49′30″～31°41′30″、东经 107°55′48″～108°54′之间	3959	168.77（2014）	40 个镇、乡、街道，435 个村，75 个社区	山地占 63%、丘陵占 31%、平原占 6%，大体是“六山三丘一分坝”	亚热带季风气候	东河、南河、浦里河等
梁平县	位于四川盆地东部平行峡谷区，地处东经 107°24′～108°05′、北纬 30°25′～30°53′之间	1892.13	92.42（2012）	33 个乡、镇、街道办事处	三山五岭，两槽一坝，丘陵起伏，“六水外流”特殊地貌	亚热带季风气候	高滩河、波漩河、新盛河、普里河等
云阳县	位于重庆市东北部，东与奉节县相连，西与万州区相接，南与湖北省恩施州利川市相邻，北与开州区、巫溪县为界	3649	89.87（2014）	42 个镇、乡、街道	“一山二岭一槽”“一山三岭两槽”的地貌特征	亚热带季风气候	澎溪河，汤溪、磨刀溪、长滩河等
奉节县	位于重庆市东部，地处东经 109°1′17″～109°45′、北纬 30°29′19″～31°22′之间	4087	107.6（2014）	32 个乡、镇、街道办事处	属四川盆地东部山地地貌，境内以山地为主	中亚热带湿润季风气候	长江、梅溪河、大溪河、石笋河等
巫山县	位于重庆市东北部，地跨长江巫峡两岸；地处东经 109°33′～110°11′、北纬 30°45′～23°28′之间	2958	63（2010）	26 个乡、镇、街道办事处，307 个村，33 个居委会	为典型的喀斯特地貌区	亚热带季风性湿润气候	大宁河，后溪河等

续表

行政区	位置	面积（平方千米）	人口（万人）	行政区划	地质地貌	气候	主要水系
巫溪县	位于长江上游地区、重庆东北部，在大巴山东段南麓。地处东经108°44′～109°58′、北纬31°14′～31°44′之间	4030	52（2010）	32个乡、镇、街道办事处和一个乡镇级开发区	以山地为主，境内山大坡陡，立体地貌明显	亚热带暖湿季风气候	大宁河等15条主要河流
忠县	位于长江上游地区、重庆东部，地处东经107°3′～108°14′、北纬30°03′～30°35′之间	2187	101（2012）	2个社区、21个镇、6个乡	境内低山起伏，溪河纵横交错，属典型的丘陵地貌	亚热带东南季风区山地气候	长江、黄金河、汝溪河等
垫江县	位于重庆市东北部，地处东经107°13′～107°40′、北纬29°38′～30°31′之间	1518	70.45（2010）	2个街道、22个镇、2个乡	地处华蓥山脉东部，地貌以丘陵为主	亚热带湿润季风气候	龙溪河、桂溪河等
丰都县	位于长江上游地区、重庆东部，地处三峡库区腹心，介于东经107°28′～108°12′、北纬29°33′～30°16′之间	2901	62（2013）	2个街道、21个镇、7个乡	以山地为主，丘陵次之，仅在河谷、山谷间有狭小的平坝	亚热带湿润季风气候	长江、龙河、渠溪河、碧溪河、白水河等
奉节县	位于重庆市东部，地处东经109°1′17″～109°45′、北纬30°29′19″～31°22′之间	4087	107.6（2014）	3个街道、18个镇、11个乡	属四川盆地东部山地地貌，境内以山地为主	中亚热带湿润季风气候	长江、梅溪河、大溪河、石笋河等

资料来源：重庆市各区县政府网站。

11.1.3　渝东南基本概况

（1）范围。渝东南地区包括黔江区、石柱土家族自治县、武隆区、秀山土家族苗族自治县、彭水苗族土家族自治县和酉阳土家族苗族自治县6个区县，辖区总面积达到1.98万平方千米。

（2）特点与任务。特点：该区域是中国西部四川盆地东南部大娄山和武陵山两大山系交汇的盆缘山地，与渝鄂湘黔四省市结合相连，是重庆唯一集中连片、也是全国为数不多的以土家族和苗族为主的少数民族聚居区。任务：把生态文明建设放在突出位置，从2015年开始，规划用10年左右时间，引导转移人口80万，常住人口减少200万，森林覆盖率达到50%以上；加强扶贫开发与促进民族地区发展相结合，引导人口相对聚集和超载人口有序梯度转移。

（3）定位与路径。定位：国家重点生态功能区与重要生物多样性保护区，武陵山绿色经济发展高地、重要生态屏障、生态民俗文化旅游带和扶贫开发示范区，重庆市少数民族集聚区。路径：突出保护生态的首要任务，加快经济社会发展与保护生态环境并重，建设生产空间集约高效、生活空间宜居宜业、生态空间山清水秀的美好家园。

（4）社会经济。2016年，渝东南实现地区生产总值971.26亿元，同比增长10.0%。分产业看，第一产业增加值155.29亿元，增长6.2%；第二产业增加值400.97亿元，增长11.6%，其中工业增加值272.71亿元，增长10.2%；第三产业增加值414.00亿元，增长10.4%。2016年，渝东南完成固定资产投资1024.04亿元，同比增长9.8 %，其中工业投资完成219.81亿元，下降17.1%；房地产开发投资完成109.03亿元，增长0.9%。另外，渝东南实现社会消费品零售总额335.86亿元，增长13.9 %。渝东南基本概况详见表11－2。

表 11－2 渝东南基本概况

行政区	位置	面积（平方千米）	人口（万人）	行政区划	地质地貌	气候	主要水系
黔江区	位于重庆市东南部，是渝、鄂、湘、黔四省市的结合部，属武陵山区腹地。地处东经108°28′～108°56′、北纬29°04′～29°52′之间	2402	53.6（2010）	30个乡、镇、街道办事处	黔江区地形地貌受地质拼迭控制，呈“六岭五槽”地貌	中亚热带湿润性季风性气候	阿蓬江、诸佛江、郁江等
武隆区	位于重庆市东南部，处乌江下游，地处东经107°13′～108°05′、北纬29°02′～29°40′之间	2901.3	41.45（2013）	26个乡镇、186个行政村	武隆区属渝东南边缘大娄山脉褶皱带，地势东北高，西南低	亚热带湿润季风气候	乌江、芙蓉江、木棕河等两江四河
石柱县	位于重庆市东部、长江南岸，地处东经107°59′～108°34′、北纬29°39′～30°33′之间	3012.51	54.79（2013）	32个乡镇	石柱县地处渝东褶皱地带，境内地势东高西低，呈起伏下降	中亚热带湿润季风区	长江、龙河、四龙溪、蚕溪等
秀山县	位于重庆市东南部，武陵山脉中段，地处东经108°43′6″～109°18′58″、北纬28°9′43″～28°53′5″之间。	2462	50.16（2013）	27个乡镇、街道办事处	秀山县地质构造属新华夏系及华夏系，境内平坝、丘陵、低山、中山互相交错	亚热带湿润季风气候	梅江、平江河等
酉阳县	位于重庆市东南部，地处东经108°18′～109°19′、北纬28°19′～29°24′之间	5173	56.24（2014）	39个乡镇	酉阳县属武陵山区，地势中部高，东西两侧低	亚热带湿润季风气候	龙潭河、铜鼓河、甘龙河等
彭水县	位于重庆市东南部，处武陵山区，居乌江下游，地处东经107°48′～108°36′、北纬28°57′～29°51′之间	3905.22	54.51（2010）	39个乡、镇、街道办事处	彭水县地质构造属新华构造体系，地势西北高而东南低，为构造剥蚀的中、低山地形	中亚热带温润季风气候	乌江、郁江、普子河、芙蓉江等

资料来源：重庆市各区县政府网站。

11.2 生态区主要用地现状分析

11.2.1 生态区 2011～2015 年土地利用现状总体分析

生态区土地利用现状分析的数据源于 2011～2015 年的土地年度变更成果数据，通过对生态区近五年各种土地类型的面积、分布和利用状况的分析，可以为生态区用地模式的选择提供基础依据。详见表 11－3～表 11－6。

表 11－3 渝东北 2011～2015 年土地利用现状面积统计 单位：公顷

土地利用类型	2011 年	2012 年	2013 年	2014 年	2015 年
耕地	831990.94	837861.39	841614.09	845189.26	846091.33
园地	99976.25	99745.94	99571.78	99472.84	99255.11
林地	1786723.31	1785972.93	1785252.72	1785062.20	1784374.59
草地	195177.76	193913.56	192928.84	192517.59	192193.95
城镇村及工矿用地	152287.15	153197.17	154169.80	154026.98	155149.57
交通运输用地	39620.00	39822.73	40483.55	41000.89	41717.12
水域及水利设施用地	110893.82	111265.02	111227.80	111172.53	111010.35
其他土地	173891.13	168781.57	165311.73	162118.02	160768.29
合计	3390560.31	3390560.31	3390560.31	3390560.31	3390560.31

表 11－4 渝东北 2011～2015 年土地利用现状面积比例统计 单位:%

土地利用类型	2011 年	2012 年	2013 年	2014 年	2015 年
耕地	24.54	24.71	24.82	24.93	24.95
园地	2.95	2.94	2.94	2.93	2.93
林地	52.70	52.67	52.65	52.65	52.63
草地	5.76	5.72	5.69	5.68	5.67
城镇村及工矿用地	4.49	4.52	4.55	4.54	4.58
交通运输用地	1.17	1.17	1.19	1.21	1.23
水域及水利设施用地	3.27	3.28	3.28	3.28	3.27
其他土地	5.13	4.98	4.88	4.78	4.74
合计	100.00	100.00	100.00	100.00	100.00

表 11-5　　渝东南 2011~2015 年土地利用现状　　单位：公顷

土地利用类型	2011 年	2012 年	2013 年	2014 年	2015 年
耕地	467495.77	469970.32	470968.55	472375.91	473977.08
园地	24064.84	24025.71	23965.33	23895.57	23837.85
林地	1191845.27	1191314.95	1190966.46	1190794.85	1190717.46
草地	92564.16	91295.57	91117.44	91043.94	91030.16
城镇村及工矿用地	56837.10	57390.88	57846.80	57452.89	57022.76
交通运输用地	18307.42	18483.04	18604.04	18911.66	19026.26
水域及水利设施用地	30691.62	30714.22	30702.75	30771.04	30816.50
其他土地	99317.93	97929.42	96952.74	95878.25	94696.04
合计	1981124.11	1981124.11	1981124.11	1981124.11	1981124.11

表 11-6　　渝东南 2011~2015 年土地利用现状面积比例统计

土地利用类型	2011 年	2012 年	2013 年	2014 年	2015 年
耕地	23.60	23.72	23.77	23.84	23.92
园地	1.21	1.21	1.21	1.21	1.20
林地	60.16	60.13	60.12	60.11	60.10
草地	4.67	4.61	4.60	4.60	4.59
城镇村及工矿用地	2.87	2.90	2.92	2.90	2.88
交通运输用地	0.92	0.93	0.94	0.95	0.96
水域及水利设施用地	1.55	1.55	1.55	1.55	1.56
其他土地	5.01	4.94	4.89	4.84	4.78
合计	100.00	100.00	100.00	100.00	100.00

从表 11-3 可以看出，2011~2015 年渝东北地区各种土地利用类型的面积分布呈现一定的规律性，总体上来说，渝东北地区土地利用结构相对稳定，林地和耕地为区域的优势土地利用类型，且二者比例达到 70% 以上。

表 11-3 和表 11-4 可以明显地反映出渝东北地区 2011~2015 年各土地利用类型面积和所占比例情况。总体上呈现城镇村及工矿用地、交通运输用地和耕地面积增加，园地、林地、草地和其他土地面积减少，水域及水利设施用地基本保持不变的趋势，但各土地利用类型变化过程与变化程度各不相

同。从面积变化幅度来看，一是耕地面积变化的幅度最大，面积从 2011 年的 831990. 94 公顷增加到 2014 年的 846091. 33 公顷，增加了 14100. 39 公顷；二是其他土地面积变化的幅度，从 2011 年的 173891. 13 公顷减少到 2015 年的 160768. 29 公顷，减少了 13122. 84 公顷；三是草地面积变化的幅度，草地面积在 2011 ~ 2015 年总体上是减少的，从 2010 年的 195177. 76 公顷减少到 2014 年的 192193. 95 公顷，减少了 2983. 81 公顷；四是城镇村及工矿用地面积变化的幅度，2011 ~ 2015 年城镇村及工矿用地面积总体上是逐年增加的，从 2011 年的 152287. 15 公顷增加到 2015 年的 155149. 57 公顷。

从表 11 – 5 可以看出，2011 ~ 2015 年渝东南地区各地类的面积分布呈现一定的规律性，总体上来说，渝东南地区土地利用结构相对稳定，林地和耕地为区域的优势土地利用类型，且二者比例达到 80% 以上。

从表 11 – 5 和表 11 – 6 可以反映出渝东南地区 2011 ~ 2015 年各土地利用类型面积和所占比例情况。总体上呈现交通运输用地和耕地面积增加，园地、林地、草地和其他土地面积减少，水域及水利设施用地保持相对稳定的趋势，城镇村及工矿用地先增后减；但各类用地变化程度各不同。从面积变化幅度来看，一是耕地面积变化的幅度最大，面积从 2011 年的 467495. 77 公顷增加到 2014 年的 473977. 08 公顷，增加了 6481. 31 公顷；二是其他土地面积变化的幅度，从 2010 年的 99317. 93 公顷减少到 2015 年的 94696. 04 公顷，减少了 4621. 89 公顷；三是草地面积变化的幅度，草地面积在 2011 ~ 2015 年总体上是减少的，从 2011 年的 92564. 16 公顷减少到 2015 年的 91030. 16 公顷，减少了 1534 公顷；四是城镇村及工矿用地面积变化的幅度，2011 ~ 2015 年城镇村及工矿用地面积总体上是增加的，但是呈现了先增后减的过程，从 2011 年的 56837. 1 公顷增加到 2015 年的 57022. 76 公顷，总体上增加了 185. 66 公顷。

综上所述，生态区在 2011 ~ 2015 年间的土地利用变化趋势十分明显。渝东北和渝东南生态区的土地利用变化情况大致相似，耕地是增加最为明显的土地利用类型，整个生态区的耕地在近五年间增加了 20581. 70 公顷；其他用地是减少最为显著的地类，整个生态区的其他土地在近五年间共减少了 17744. 73 公顷。渝东北和渝东南地区土地利用变化差异最大的土地利用类型是城镇村及工矿用地的变化；渝东北地区的城镇村及工矿用地的变化规律呈现逐年增加的态势，而渝东南地区的变化趋势是先增加后减少。通过分析生态区 2011 ~ 2015 年近五年的土地利用的变化情况，可以为生态区用地模式设计及长效机制的制定提供参考。

11.2.2 生态区 2011 ~2015 年城镇村及工矿用地分析

城镇村及工矿用地是指城乡居民点、独立居民点以及居民点以外的工矿、国防、名胜古迹等企事业单位用地，包括其内部交通、绿化用地。

从渝东北各区县 2011 ~2015 年城镇村及工矿用地结构表（见表 11 -7），以及渝东北各区县 2011 ~2015 年城镇村及工矿用地结构表可以看出：渝东北地区 11 个区县中，万州区的城镇村及工矿用地面积最大，其次是开州区、梁平县；城镇村及工矿用地面积最小的是城口县。从渝东北地区各区县城镇村及工矿用地在近五年的变化情况来看，万州区、梁平县、丰都县、垫江县呈现逐年增加的趋势；城口县和云阳县呈现逐年减少的趋势，而忠县、开州区、奉节县、巫山县以及巫溪县呈现出先增后减的变化规律。近五年间城镇村及工矿用地变化最大的区县是丰都县，从 2011 年的 11743. 95 公顷增加到 2015 年的 12271. 3 公顷，净增 527. 35 公顷，增长率达到 4. 49%；而变化最小的区县是巫山县，从 2011 年的 10538. 79 公顷增加到 2015 年的 10567. 86 公顷，变化量仅为 29. 07 公顷。

表 11 -7　渝东北各区县 2011 ~2015 年城镇村及工矿用地结构　单位：公顷

区县	2011 年	2012 年	2013 年	2014 年	2015 年
万州区	28201. 43	28391. 71	28480. 47	28583. 51	28635. 72
梁平县	15542. 89	15540. 40	15693. 22	15670. 98	16055. 44
城口县	3551. 71	3466. 70	3462. 22	3422. 45	3486. 76
丰都县	11743. 95	12144. 21	12135. 20	12243. 88	12271. 30
垫江县	13905. 82	14029. 00	14164. 35	14248. 41	14308. 92
忠县	13977. 65	14074. 50	14227. 19	14073. 57	14295. 77
开州区	18646. 08	18452. 89	18713. 30	18657. 57	18933. 38
云阳县	13718. 35	13752. 35	13615. 22	13589. 07	13553. 82
奉节县	14245. 32	14558. 98	14792. 01	14874. 63	14768. 75
巫山县	10538. 79	10516. 24	10689. 61	10460. 30	10567. 86
巫溪县	8215. 16	8270. 19	8197. 01	8202. 61	8271. 85

注：梁平县已于 2016 年撤县改区。

从渝东南各区县2011～2015年城镇村及工矿用地结构表（见表11－8），以及渝东南各区县2011～2015年城镇村及工矿用地结构表可以看出，渝东北6个区县中，酉阳县的城镇村及工矿用地面积最大，其次是黔江区、秀山县；城镇村及工矿用地面积最小的是武隆区。从渝东南各区县城镇村及工矿用地在近五年的变化情况来看，武隆区和酉阳县呈现逐年增加的趋势，秀山县呈现逐年减少的趋势，而黔江区、石柱县呈现出先增后减的变化规律，彭水县则呈现出先减后增的变化趋势。近五年间城镇村及工矿用地变化最大的区县是黔江区，从2011年的10472.62公顷增加到2015年的10061.18公顷，净减411.44公顷，减少了3.93%；而变化最小的是石柱县，从2011年的8634.64公顷增加到2015年的8659.98公顷，变化量仅为25.34公顷。

表11－8　渝东南各区县2011～2015年城镇村及工矿用地结构　单位：公顷

区县	2011年	2012年	2013年	2014年	2015年
黔江区	10472.62	10508.96	10616.64	10445.50	10061.18
武隆区	6955.78	7137.47	7350.05	7290.04	7272.46
石柱县	8634.64	8730.27	8889.70	8603.20	8659.98
秀山县	10386.87	10452.30	10370.81	10404.39	10327.40
酉阳县	11346.40	11555.58	11669.83	11726.61	11706.28
彭水县	9040.79	9006.30	8949.77	8983.15	8995.46

综上所述，生态区在2011～2015年的城镇村及工矿用地趋势相对明显。渝东北地区的城镇村及工矿用地整体上呈现出增加的趋势，而渝东南城镇村及工矿用地整体上的变化相对稳定。城镇村及工矿用地的变化与区域的城市化进程、工业发展以及土地整治项目的实施强度密切相关。

11.2.3　生态区2011～2015年村庄用地分析

村庄用地是指农村居民点以及所属的商服、住宅、工矿、工业、仓储、学校等用地。

从渝东北各区县2011～2015年村庄用地结构表（见表11－9）以及渝东北各区县2011～2015年村庄用地结构表可以看出，渝东北11个区县中，万州区的村庄用地面积最大，其次是开州区、梁平县；村庄用地面积最小的是城口县。从渝东北地区各区县村庄用地在近五年的变化情况来看，整体变化十分显著，大致呈现出递减规律。近五年间村庄用地变化最大的区县是万州区，从2011年的20455.82公顷较少到2015年的19704.32公顷，净减751.5公顷，减少了3.67%；而变化最小的是奉节县，从2011年的12167.05公顷到2015年的12069.84公顷，变化量仅为97.21公顷。

表11－9　渝东北各区县2011～2015年村庄用地结构　单位：公顷

区县	2011年	2012年	2013年	2014年	2015年
万州区	20455.82	20469.85	19993.01	19921.19	19704.32
梁平县	13445.17	13347.65	13336.72	13230.04	13286.44
城口县	3118.32	3026.22	2985.08	2931.30	2944.76
丰都县	9632.57	9645.29	9572.80	9560.65	9512.88
垫江县	11787.99	11772.22	11755.31	11752.13	11589.94
忠县	12297.17	12295.60	12375.51	12251.75	12156.22
开州区	16088.85	15712.29	15637.07	15446.91	15497.65
云阳县	11370.97	11313.30	11005.94	10911.66	10862.87
奉节县	12167.05	12129.29	12289.47	12306.05	12069.84
巫山县	9019.84	8986.25	9021.66	8798.09	8753.50
巫溪县	7297.63	7314.20	7220.93	7212.67	7170.07

从渝东南各区县2011～2015年村庄用地结构表（见表11－10）以及渝东南各区县2011～2015年村庄用地变化趋势图可以看出，渝东北6个区县中，酉阳县的村庄用地面积最大，其次是彭水县、秀山县；村庄用地面积最小的是武隆区。从渝东南各区县村庄用地在近五年的变化情况来看，整体变化比较显著，大致呈现出逐年递减的规律。近五年间村庄用地变化最大的区县是秀山县，从2011年的7855.21公顷较少到2015年的7376.3公顷，净减478.91公顷，减少了6.10%；而变化最小的是黔江区，从2011年的6618.44公顷到2015年的6530.5公顷，变化量仅为87.94公顷。

表11－10　渝东南各区县2011～2015年村庄用地结构　单位：公顷

区县	2011年	2012年	2013年	2014年	2015年
黔江区	6618.44	6647.12	6782.16	6770.47	6530.50
武隆区	5500.85	5505.45	5545.81	5446.96	5393.85
石柱县	7182.52	7081.36	7083.10	6742.85	6717.61

续表

区县	2011 年	2012 年	2013 年	2014 年	2015 年
秀山县	7855.21	7930.30	7652.79	7563.08	7376.30
酉阳县	9820.40	9889.18	9977.02	9974.33	9936.48
彭水县	8079.65	7941.79	7801.49	7739.11	7674.54

11.2.4 生态区生态用地分析

生态用地是指具有生态服务功能的各类用地，更加强调空间结构的完整性和生态服务功能的综合性。它承担生态系统的各种服务功能，包括旱涝调节、生物多样性保护、休憩与审美启智，以及遗产保护等。为了便于对生态区用地现状进行分析，本书基于土地生态系统服务相关理论，将耕地、草地、水域、林地划分为生态用地。详见表 11 - 11。

表 11 - 11 基于土地生态系统服务的土地利用分类

土地利用类型	一级描述	二级描述
生态用地	耕地	旱地；水田；园地
	草地	灌丛草地；草地
	水域	河流；水库湖泊及池塘
	林地	有林地、灌木林地、疏林地、其他林地

在 arcgis10.2 的支持下，以全国第二次土地调查数据为基础，对生态区生态用地进行分类统计，结果见表 11 - 12。

表 11 - 12 生态区生态用地分类统计

区域	土地利用类型	面积（公顷）	比例（%）
渝东北	耕地	1015460.93	32.51
	园地	102517.95	3.28
	林地	1806912.90	57.85
	草地	198725.90	6.36
	合计	3123617.69	100

续表

区域	土地利用类型	面积（公顷）	比例（%）
渝东南	耕地	568085.03	30.07
	园地	24643.72	1.30
	林地	1201894.26	63.62
	草地	94451.19	5.01
	合计	1889074.19	100
总计		5012691.88	100

从表 11－12 可以看出，渝东北地区的生态用地总面积为 3123617.69 公顷，渝东南生态用地为 1889074.19 公顷，整个生态区生态用地达到 5012691.88 公顷。其中，林地及耕地是生态区生态用地的优势土地利用类型，二者占总面积的比例超过 90%。

通过研究可知，渝东北地区中奉节、巫溪、开州区及城口的生态用地居多；梁平、垫江生态用地最少。渝东南地区中酉阳县、彭水县、石柱县的生态用地居多；黔江最少。由此可以看出，生态区生态用地在各区县的分布相对均匀，在提升部分区县生态用地总量的同时，也要加强对生态用地比例较高区县的维持。

11.3 生态区用地管理与初步成效

（1）坚持生态优先，贯彻主体功能战略。按照市委、市政府关于渝东北和渝东南的功能定位，立足生态区实际，因地制宜，把生态文明建设放在更加突出的位置，处理好加快发展与保护生态的关系，积极提倡走绿色发展、集约发展、特色发展之路，在市国土房屋管理局的统一部署下，旗帜鲜明地推进面上保护的同时，坚定不移地推进点上开发，力争把生态区建设成为长江流域的和乌江流域的重要生态屏障、重庆市国土空间的生态功能区，实现在发展中加强生态涵养和保护、在生态涵养和保护中加快发展的目标。

（2）实施规划引领，优化国土空间布局。按照生态区的功能定位，组织开展土地利用总体规划中期评估工作，以期通过中期评估工作对土地利用总体规划进行修改，坚持“面上保护，点上开发”的原则，有序推进农业、工业、居住“三个集中”，促进农村产业集聚、人口集中、土地集约，扎实推动国土空间布局结构进一步调整优化，以满足生态功能分区对土地管理利用工作的新要求。

(3) 严格用地准入，坚持面上保护战略。围绕生态区的功能定位，因地制宜发展库区特色农产品加工、低碳环保工业，坚持不符合国家产业政策项目特别是高污染、高耗能工业项目和生态区负面清单项目不入园、不落地政策；在城镇发展方面，坚持加快县城发展，中心镇和重点镇适度发展，一般乡镇除保障民生、基础设施等项目用地外，原则上不安排新增用地，做到面上保护有成效。

(4) 推进节约集约，合理利用土地资源。各项建设坚持用地标准，投入产出强度，提高土地集约利用水平，同时通过整合、置换和储备，合理安排土地投放的数量和节奏，挖掘存量建设用地，提高土地配置和利用效率。结合小城镇建设、高山生态扶贫搬迁、地灾避让搬迁等工程，合理规划集中安置区，建设美丽乡村。

(5) 坚持先行先试，探索土地利用模式。近几年，生态区主要区县，按照学习实践科学发展观和生态功能区战略的新要求，攻坚克难，先行先试，以“产业跟着功能走、人口跟着产业走、用地跟着产业和人口走”为出发点，在土地开发利用中积极探索生态旅游用地开发模式、生态移民土地利用模式、城镇混合用地模式等，在环境保护、人口转移、生态补偿等方面制定了一系列战略措施，在生态区土地开发利用和生态保护方面进行创新探索，取得显著成效。

第 12 章　生态区土地利用中存在的问题

12.1　用地适配程度较差

12.1.1　土地规划与其他规划之间矛盾突出

生态区土地利用规划与国民经济和社会发展规划、城乡规划、生态环境保护规划等多个规划的相互矛盾突出，多规融合尚未形成，各类规划没有与土地利用总体规划有效衔接。由于规划期限为 15 年的土地利用总体规划和规划期限为 20 年的城镇总体规划、规划期限为 5 年的国民经济和社会发展规划等形成冲突，项目用地的具体空间定位比较困难，导致其在土地利用总体规划与城镇规划中无法精确落地，即面临“落地难”问题。

12.1.2　规划建设用地结构不合理

生态区各类建设用地中，区域公用设施和区域交通设施用地比例较低，采矿用地比例较高，城镇建设用地结构不合理。调查发现，由于受用地指标限制，许多规划的旅游项目因无法获得土地指标而无法开工，“有项目、有资金、缺土地、难落实”的现象比较突出，严重制约了旅游项目的开发建设。生态区的几个旅游大县旅游用地指标缺口较大，例如，武隆区缺口为 4. 55 平方千米，石柱县缺口为 3. 75 平方千米，云阳县缺口为 1. 89 平方千米。目前各个城镇建设用地结构当中居住用地和工业用地占到整个用地的 60% 左右，尤其是工业用地比例接近国家城镇用地结构的 30% 的上限，而公共管理及公共服务用地、绿地及交通等用地比例较低，尤其城镇生态用地比例更低。

12.1.3 土地利用空间布局不合理

由于土地利用空间布局不合理，造成生态区开发建设遍地开花和耕地保护滞后的局面。城镇规划建设用地分散且不集中，导致城市功能没有得到最大限度发挥，例如，居住区、工业区、商业区、市政基础设施交叉布置，部分工业用地混杂分布于居住区中，部分城市功能分区不明显，城镇边界无限制扩张，新区、新城与城市飞地不断开辟，严重阻碍了城市功能的发挥。诸多的农村居民点规模小、分布散，从而导致基础设施建设困难，阻碍着新农村建设的进程。由于农村居民点布局缺乏科学的规划与合理引导，形成了松散式的自然村落分布格局，致使大量的“空心村”“路边店”“独家院”出现，造成了大量的建设用地闲置。随着城乡建设用地的发展演变，出现了城乡建设用地和耕地交错布局的现象，建设用地和耕地相互穿插在一起，这种状况很不利于城乡建设用地的布局及对耕地的保护。生态区现有耕地质量偏低，大于25°的陡坡耕地目前没有全部退耕；既属于生态屏障区，又属于地质灾害高发区的耕地仍大量存在；同时，在生态区城镇化过程中，建设用地的占补平衡往往是通过把大量耕地调整到边、远、高地带来实现的，使耕地质量大打折扣。

12.2 低效用地普遍存在

12.2.1 工业园区土地空置严重

生态区工业园区土地利用不合理现象突出，一方面，存在供地难、难以满足园区快速发展需要的问题；另一方面，又存在土地闲置现象。调研发现，有的企业长期圈而不建，有的企业建设好厂房却长期没有投入生产；有的企业倒闭后却依然占用园区土地，部分企业通过囤积土地获取经济收益；部分企业占地面积与企业规模不相称，企业占地面积太大，例如，重庆市祥华生物科技有限公司，位于秀山县综合园区，地理位置相对优越，公司占地80224平方米，建筑面积24502平方米，容积率还不到0.31；例如，彭水保家工业园区工业标准化厂房高起点建设，区位优势突出，毗邻高速公路，建成两年来的出租率不足50%，已经租用的厂房，其产业基本为产值低下的服装和摩配等附加值十分低的产业。

12.2.2 工业园区产出强度不够

由于三峡库区产业空心化以及渝东南工业基础薄弱的特点，目前生态区园区产出强度较低。根据相关资料，市特色园区办对黔江工业园区的要求是100亿元/平方千米产出，其他县园区的产值为70亿元/平方千米产出。而目前，渝东南园区平均工业销售产值在10亿元～20亿元/平方千米，例如，发展势头相对较好的黔江区工业园区，其工业产值约为15亿元/平方千米左右；其他区县更低，例如，石柱县南宾工业园区，建成投产企业17个，企业亩均产出达不到产出强度要求的10%。

12.2.3 村镇建设用地利用低效

农村集体建设用地利用率低，闲置浪费现象较为严重。由于生态区特殊的自然地理条件，农村居民点分布零散，面积大，超面积占用宅基地现象普遍。农村宅基地总体以自然村落为主，布局分散，30户以下的自然村分布普遍，占地面积大。未加管理的农村建设用地，分布十分杂乱，土地利用程度低，浪费土地资源严重。例如：2013年万州区农村居民点面积19921.20公顷，年末农业户籍人口96.89万人，人均农村居民点面积205.61平方米，按照村镇常住人口64.20万人计算，人均农村居民点面积高达310.30平方米。城镇低效土地是指城镇中布局乱，利用粗放，用途不合理但仍有调整利用空间的存量建设用地（包括旧社区、旧居、旧厂房“三旧”用地，以及夹心地、插花地、边角地和拆违形成的空置土地等），以及布局散乱的存量建设用地。目前，生态区城镇低效建设用地主要集中在布局分散、不符合安全生产和环保要求等的产业用地；布局散乱、设施落后，规划确定需要改造的旧社区、旧厂区；因城乡规划调整，需“退二进三”或用于城市基础设施、公共设施建设的产业用地；产能落后、企业经营困难需要退出的产业用地；违法违章建筑拆除后形成的拆后土地。因此，用地挖潜应是生态区“点上开发”土地利用的主要模式。

12.3　生态补偿机制滞后

12.3.1　缺乏长效资金保障

首先，生态补偿的资金来源渠道单一。一方面，生态区作为国家生态功能区的限制开发区，国家财政安排的生态补偿金应足额兑现；另一方面，生态区作为重庆国土“三生”空间的生态空间，为大都市区提供了丰富的生态产品，因而应加大重庆市财政向生态区的支付转移。其次，当前情况下，我国生态服务补偿机制不完善，加之市场不规范，只有比较简单的资源开采、排污权的交易情况，对于补偿的资金管理也不到位，并没有将资金用于重要的生态功能区域进行保护和恢复开发，大部分被分散，生态服务补偿自己的使用效率十分低下。

12.3.2　补偿方式单一，征收制度不完善

长期以来，生态补偿主要依靠政府的转移支付，社会资金很少参与。目前，重庆市有关矿产资源开发生态补偿的经济手段较为单一，绝大部分靠征收税费，其他经济手段运用很少；生态补偿征收制度还不完善，针对生态环保的主体税种不到位，相关的税收措施也比较少。此外，还存在征收对象不明确，征收方式、标准不统一，征收数额低于生态恢复治理费用等现象。尤其是历史原因造成的闭坑矿山，因无法落实相关的治理责任，又缺乏有效的投入和融资渠道，造成自然保护区、风景名胜区周围和主要交通干线两侧直观可视范围内的大量露天采场治理进展缓慢，资金缺口很大。

12.3.3　相关法律法规和技术标准匮乏

在我国现行的关于环境和资源的法律法规，以及重庆市制定的各项有关环境和资源保护的各项规章政策中，对于生态补偿都只有相关原则性的要求，而对于各利益相关者的权利、义务、责任等缺乏明确的界定，对补偿内容、方式、标准和实施措施也没有具体规定，不利于对生态环境的保护和治理。

12.4 违规建设用地尚存

12.4.1 建设用地违法行为屡禁不止

城镇建设用地存在“改变用地性质”“少批多建”“一证多址”“无证建房”等现象。调研反映，部分农村未经批准，擅自占用土地，尤其是耕地建设工业厂房，对外出租、出售；有的村以“以租代征”的方式，将土地出租给其他单位或个人，非法建设工业厂房；有的则以农业结构调整为名，擅自占用耕地，甚至将基本农田建设为永久性建筑，进行畜禽养殖。仅云阳县的一个镇，2013 年未经批准擅自建设及以租代征的土地违法用地就达 12 宗，违法总面积 86 亩，大量耕地遭到破坏，部分厂房闲置，既严重违背了土地管理轨道法规，又造成了大量资源的闲置浪费。

12.4.2 农村住宅违法建设现象较为严重

农村宅基地管理重审批轻监管，管理缺乏依据，造成宅基地一批了之，越批越多，空闲的宅基地却无人过问。近年来，由于农村集体经济增长乏力，加之国家取消了三提五统等税费，一些空壳村和自然环境较好的村把农村住宅建设当作集体收入的唯一来源，纷纷违法建设住宅，对外出售和寻租，其主要表现形式如下：一是部分村以集体土地为条件与他人联合开发，建设住宅对外出售；二是部分村集体将土地出租给他人，用于住宅建设；三是部分村民未经批准，擅自占用土地建设住宅。

12.5 耕地撂荒问题突出

撂荒是目前生态区耕地利用与保护中面临的突出问题，调研发现，撂荒的主要原因有以下三点：第一，生态区农业基础设施薄弱，抗灾能力差；第二，农业生产效益低，农民种粮积极性不高；第三，随着大量农村劳动力涌入城镇，大多家庭只有老弱妇幼留守在家，严重缺乏劳动力，导致大量耕地撂荒。在抽样调查的 98 个农户中，在家从事农业生产的劳动力仅占总劳动力总数的 35% 左右，且大部分留守劳动力在 60 岁以上，其中 60 ~ 70 岁的占在家劳动力的 60% 以上。据调查，目前较多的农民种田基本是为了自给自足，并非出于成本收益考虑，觉得种粮有利可图，因此，部分农户选择性地耕种距家较近、肥沃的土地，以保证家庭的口粮，而对于边远坡地则弃耕撂荒。虽然耕地流转是提高耕地利用水平、降低撂荒的主要途径，但生态区目前耕地流转率较低。在问卷调查的 98 个农户中，承包耕地面积 700.43 亩，其中发生流转行为的有 30 户，占承包耕地面积 28%，耕地流转面积 158 亩，占 20.3%。调研发现，耕地流转水平低的主要原因是农民视耕地为最低“保障线”、土地承包政策的稳定性较差、农业市场风险较大及农业保险滞后等。

12.6　土地生态保护不够

12.6.1　水土流失和石漠化严重

渝东北、渝东南地区占全市水土流失面积 74%，占全市石漠化面积的 90%。调研发现，在渝东南和渝东北石灰岩地区，随处可见的“光石板”“碗碗土”，这些现象都是严重的水土流失导致的石漠化后果。同时，在水土流失过程中，土壤表层的大量养分随之流失，造成耕地生产能力降低。水土流失已成为制约生态区“面上保护”的重要“瓶颈”。

12.6.2　耕地污染有加剧趋势

调研发现，一方面，工业废气、废水、废渣在环境中的排放以及城镇生活垃圾的丢弃是对土地污染最重要的因素，尤其是污染处理能力有限的工矿企业以及工业“三废”对人类集聚区附近的耕地污染特别严重，使土壤中的重金属物质和有毒有害物质含量大大超标，从而引起耕地质量退化，而这些耕地又是生态区的优质耕地区；另一方面，在农业生产活动中，农药、化肥的不合理施用和农用地膜的大量使用造成土地生态的退化。对于耕地污染加剧的问题，污染物既有点源，也有面源，因此，生态区的耕地保护既要注重点与面上的土地利用方式，更要注重点面用地的协同保护与利用。

12.6.3 水域污染严重

三峡水库作为渝东北的重要生态基地，由于库区蓄水后水流速度减缓，水体自净能力直线下降，加之周边的工业三废和城镇化生活垃圾的污染，泥石流、滑坡等地质灾害频发，万州区 40 个乡镇除沿江、沿库乡镇外，还有 29 个未建污水厂，场镇污水直奔河沟；开州区 40 个乡镇的水系全部入库，但只有 23 个乡镇建起污水厂，3/4 乡镇没有垃圾处理设施；巫山县 26 个乡镇、街道只有县城和三个镇建有污水、垃圾处理设施，其余乡镇都未建，由此导致每年约有 200 万吨生活污水、上万吨生活垃圾直排水土中，这已日益影响库区水质安全和沿岸居民的用水安全，使生态环境面临巨大挑战，导致库区蓄水运行后水体富营养化问题日益严重，水质恶化，危及水体生态安全；同时，三峡水库冬夏两季高达 30 米的水位落差，形成“消落带”污染，加剧了库区生态环境问题。在渝东南的局部也存在水域生态系统遭到破坏的问题，这已成为生态区土地利用点面协同的主要矛盾。

第13章　生态区“面上保护与点上开发”用地模式设计

13.1　面上保护与点上开发

13.1.1　面上保护

几何学上，面是线移动所形成的迹形，具有长和宽；地理学上，面也是个区域，具有空间概念。面与点相对应，在国土空间利用上讲，主要是指大面积的耕地、林地、水域、草地、园地等，是整个国土空间的生态本底。

“面上保护”是指对资源和生态环境的全面保护，主要是对耕地、林地、草地以及水域的保护。在某种程度上来说，对于大部分生态环境较好的区域，最好的保护其实就是不开发，而对于先天生态环境较差的区域，保护性开发就是做好的措施。

13.1.2　点上开发

点是一个相对的概念，点是与其他对比物相比可以忽略的形；在几何学，拓扑学以及数学的相关分支中，一个空间中的点用于描述给定空间中一种特别的对象，在空间中有类似于体积、面积、长度，或其他高维类似物。一个点是一个零维度对象，点作为最简单的几何概念，通常作为几何、物理、矢量图形和其他领域中的最基本的组成部分，点成线，线成面，面成体。可见，点是几何中最基本的组成部分。地理学上，点也是个区域，具有空间概念。点与面相对应，在国土空间利用上来说主要是指集约化的建设用地（城市、建制镇、村庄等)、工矿用地（工业园区、采矿用地）等。

“点上开发”是指在尽量不破坏面的前提下，对土地、矿产、能源、生态等资源的节约化、集约化开发，使用地效率达到最高。同时，点上开发也需要高度重视产业的选择，最佳选择是高新技术、无污染、用地集约的产业。点上开发重点对城镇规划区、开发区、工业园区、交通枢纽、能源基地、旅游基地、新农村建设基地、特色农业基地等的“点”进行开发。

13.1.3 点上开发与面上保护的关系

点与面都是空间概念，可大可小，按照不同的区域尺度，点可以是面，面也可以看作点。点与面的关系既相对立，又相辅相成，两者关系可以看作“局部与整体”“图与底”等关系。点的开发可以促进面的保护，面的保护又可以为点的开发带来发展的动力，点上开发在一定程度上是由面来决定的，面的保护水平，在一定程度上取决于点的开发的内容与形式。“面上保护，点上开发”就是要求大生态区把生态发展与保护作为社会经济工作的主线，做到“在保护中开发，在开发中保护”，坚持“点上”高强度开发与“面上”大力度保护并举。它控制的是盲目开发、过度开发、无序开发、分散开发；强调人口向城镇集中、产业向园区集中。在保护生态的前提下，提高大生态区县城、中心镇、工业园区、居民点等的“点上”开发效率与产出。

点上开发与面上保护从某种意义上来说是开发与保护的关系；而保护与开发的关系具有两面性，有矛盾冲突的一面，也有协调促进的一面。保护与开发既是相互联系、相互依存的关系，又是相互矛盾的关系。保护是开发的前提，而开发是保护的必要体现。从可持续发展的角度看，保护归根到底是为了更好地开发。在经济社会发展初期，环境承载力较大，经济规模有限，保护与开发之间的关系相对宽松。随着经济规模增大，生活水平提高，有限国土上承载的经济活动日益增多，强度越来越大，保护与开发的关系变得越来越紧张，矛盾也越来越突出。在这种情况下，需要采取措施对二者关系进行协调，特别是在发展政策中更加强化可持续性因素，努力转变经济发展方式，从而使这种紧张关系得到一定的缓和。

对于“在保护中开发，在开发中保护”的总原则，人们似乎都能接受，没有异议，但在实践中却经常发生偏移；时而片面地强调开发，时而片面地强调保护，把二者割裂开来，甚至对立起来。发展经济就要开发资源，开发资源就要改变资源的现存状态，改变资源的现存状态就是破坏资源，如此推导出的结论显然是荒谬的。在对“保护”的理解上，如果认为保护就是保持原状，就会得出上述错误结论。很显然，保护不仅有保持原状之狭义，更有合理开发之广义。对野生动植物、原始森林等自然资源的保护原状之义就等于合理开发之义，而对于矿产资源、土地资源、森林资源、草地资源、旅游资源、水资源的保护，则更多地体现在开发之中，通过合理开发，实现有效利用，以达到保护资源的目的。合理开发、集约开发，是对待开发已有资源的保护；也是对未来资源的保护；开发的目的是发展经济，应遵循“在保护中开发，在开发中保护”的总原则。

13.2　用地模式设计理念与原则

13.2.1　用地模式设计理念

生态优先。坚持以资源禀赋条件为基础，主体功能定位为前提，以人口增长和社会经济发展需求为基点，提升土地的使用效益和效率，需要充分考虑到生态保护，做到生态平衡的开发模式，同时，需要考虑生态系统自身规律以及经济社会发展的客观规律，落实国土空间开发和生态环境保护齐头并进的原则，做好生态平衡体系的建立。

统筹协同。依据土地的特性，利用科学技术和管理手段，对生态区区域一定数量的土地的利用结构与方向，在时空尺度上，分层次进行安排、设计、组合和布局，以提高土地利用效率和土地产出率，实施点面协同的土地利用理念，实现土地利用对社会—经济—生态复合系统协调发展的有力支撑。

13.2.2　用地模式设计原则

综合规模效益统一化原则。从长远和全局的观点看，经济、社会和生态三种效益是统一的，生态区的土地利用中，其生态效益是取得良好的经济效益和社会效益的前提和基础。而当前的生态区土地利用中，往往牺牲生态效益来满足经济效益。因此，应该从长远利益出发，坚持经济、社会、生态综合效益统一化的原则。

土地利用率提高原则。在生态区土地利用过程中，要认真分析城乡各类用地，特别是建设用地的潜力，严格控制建设用地规模，促进土地的集约利用。目前生态区农村居民点用地人均用地大，同时废弃宅基地较多，工业用地闲置严重，建设用地过于分散等。因此，要通过严格控制建设用地和加强土地开发整理，促进土地集约利用，提高土地利用率。

集约用地原则。生态区土地的集约利用，是当前生态区土地利用的必经之路。集约利用能使土地的经济特性和自然特性相统一，一方面，要使每一宗土地都能发挥其应有的经济功能；另一方面，要使每一宗土地保持原有的自然属性。由此，实现集约利用，因地制宜，促进聚集，保证土地的可持续利用。

弹性原则。因为生态区土地利用是一个复杂的大系统，随着时间的推移，多因素的综合作用会使土地利用系统的外在和内部环境不断发生变化，因而土地利用模式必须适应这些变化，能够针对相应的变化做出反应，并根据变化不断地调整，以促进土地的合理、有效利用。

城乡统筹原则。统筹城乡经济社会发展，把城乡经济社会发展纳入国民经济与社会发展全局，通盘筹划，综合考虑，统筹城乡经济建设、文化建设、社会建设和生态文明建设。在生态区土地利用过程中，应按照统筹城乡发展的要求，牢固树立“保护资源、保障发展”的基本理念，实施城乡建设用地挂钩，促进经济社会的协调持续发展。

生态文明原则。把生态文明理念全面融入生态区土地利用过程中，着力推进绿色发展、循环发展、低碳发展的土地利用模式，节约集约利用土地、水、能源等资源，强化环境保护和生态修复，减少对自然的干扰和损害，推动生态区社会、经济和生态协同发展。

13.3 用地模式设计

生态区“面上保护，点上开发”既要注重保护又要兼顾开发。重庆市生态功能区发展战略的提出，为生态区赋予了新的发展机遇与挑战。随着区域农村人口逐步向城市、城镇、农村集中点转移，以及生态文明建设的深入推进、产业结构的转型调整，土地利用的方向、方式、管理等方面也随之发生改变。因此，应在保护生态环境的前提下，开展土地结构调整，优化土地利用模式，创新土地管理制度，切实做到开发与保护并重，实现生态区经济效益、社会效益和生态效益的统一。综合生态区功能定位、发展方向、土地利用中的问题，并结合典型经验，本书提出重庆市生态区“面上保护，点上开发”用地模式，包括“人口转移导向性土地利用模式”“产业转型导向性土地利用模式”以及“生态保护导向性土地利用模式”，如图 13－1 所示。

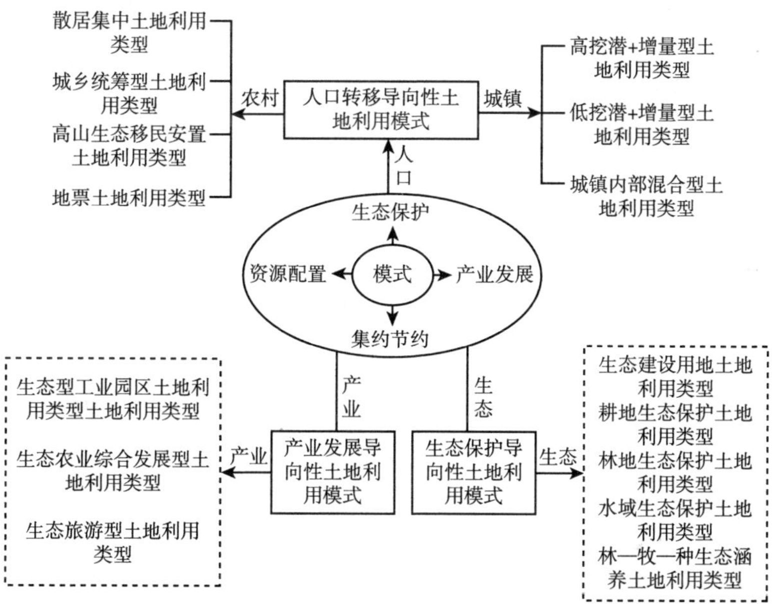

图 13－1　生态区“面上保护，点上开发”土地利用模式

13.3.1　人口转移导向性土地利用模式

该模式主要是根据人口的变动调整土地功能，使土地结构、功能布局与人口变化相一致的用地模式。根据重庆市生态功能区区域发展战略及《中共重庆市委、重庆市人民政府关于贯彻落实国家新型城镇化规划的实施意见》，到 2020 年，重庆市常住人口城镇化率将达到 65% 以上，户籍人口城镇化率达到 50%。人口由分散逐步集中，由农村逐步向城镇转移，使原有的农村居民点逐步减少，而城镇的规模逐步扩大，城市的用地需求逐步增大，城乡的用地类型将随着人口的变化发生变动，城乡“点的开发”主要包括以下七种用地模式。

（1）高挖潜＋增量型土地利用类型。

设计理念：高挖潜＋增量型土地利用类型，也可称作城镇高集约度扩展性土地利用类型。该土地利用类型以生态区城镇内部存量土地的高度集约利用来增加城市土地的相对供给，满足城镇发展的主要用地需求量；少量扩展用土地通过增量进行补充。采用该土地利用类型主要是为了避免在达到一定规模、实现一定集约度的区域，由于外延用地的无效扩展降低整体区域土地的集约利用水平。

具体实施：一是合理定位城镇功能。结合生态功能区发展定位，确定生态区各城镇的发展定位，注重保护生态的同时，合理引导城镇的发展方向。二是划定城镇发展边界。协调区域规划、土地利用总体规划与城镇总体规划之间的关系，实施多规合一，对于城镇土地用途，应清晰地界定土地适宜建设区与土地利用的限制区，明确城镇土地的功能分区，科学合理地引导城镇的用地规模，实施城镇边界划定工作。三是合理规划产业。结合生态功能区布局发展定位，在保护生态的基础上，加快产业结构调整，重点发展环保性特色产业，提高土地利用的社会效益、经济效益和生态效益。四是挖掘土地潜力。通过旧城改造、土地置换等方式深挖内部潜力，从城市功能、布局、产业结构上进行调整，注重引导与调节，强调集中的综合功能，以实现集中集约的弹性与适应性，发挥土地的高效“生态—经济”效益。

适用范围：该用地类型主要适用于经济基础较好的城镇，例如黔江区、万州区、梁平区等区县及各区县辖区内发展较好的城镇。受到地理因素的限制，该类城镇外部扩展的范围有限或前期通过借助城镇用地扩展激活经济而后期发展动力不足的地区。

实施效果：针对生态区，该用地类型的提出及实施，不仅盘活了城镇内部土地闲置资产，而且还可解决目前生态区城镇建设用地指标不足的问题，对于生态区内城镇节约集约发展起着积极作用。

（2）低挖潜＋增量型土地利用类型。

设计理念：低挖潜＋增量型土地利用类型，也可称为城镇低集约度扩展性土地利用类型。该类型以城镇内部存量土地的低度集约利用来增加城市土地的相对供给和城镇土地外延扩展对用地的需求量。生态区现有部分城镇的经济发展水平较低，城镇土地利用呈现一定的粗放式利用，城镇土地利用集约度不高。因此，城镇用地规模扩展应该针对区域发展的特性，合理加快扩展速度和规模，以吸收快速城镇化进程中的人口和产业转移，避免城镇出现空心化，发挥城镇的规模效益和聚集效益。

具体实施：一是科学编制土地利用总体规划。由于该类城镇经济基础较低，土地指标有限，应科学编制土地利用总体规划，在适度增加新增土地指标的基础上，实施适度集约利用。二是调整产业结构。大力发展生态型工业、生态农业和生态旅游业，有效引导土地集约利用。三是开展旧城改造。在城镇土地利用上，要积极鼓励旧城区挖潜改造，将粗放式的土地利用转变为适度集约利用，提高旧城区土地容积率和土地利用率。同时，要加大新增土地指标的集约节约利用，使旧城与新区协同发展。

适用范围：该用地类型主要适用于经济基础较低的城镇，例如渝东南的武隆区、秀山县、彭水县和渝东北的巫溪县、云阳县、城口县等区县及各区县辖区内发展较滞后的城镇，城镇功能定位为旅游型、贸易型、专业市场型为主的城镇，内外交通条件相对较弱。该类城镇经济发展水平较低，需通过城镇用地一定的规模效应来促进经济发展。

实施效果：生态区各区县发展不平衡，导致区域经济发展不同，区域内土地集约度不同。该用地类型的实施，既可实现发展相对滞后的区县城镇用地指标，又可适当地供给指标用于新城发展，有利于生态区新型城镇的快速发展。

（3）城镇内部混合型土地利用类型。

设计理念：由于城镇地形地貌较为特殊，生态较为脆弱，因而城镇空间发展采取分散与集聚相结合模式，在提高土地利用混合度、产业集聚、土地集约利用的同时，构建合理的生态格局和生态屏障，做到开发与保护并存。因此，应兼顾生态安全与城镇发展，结合城镇现状，构建城镇内部混合型土地利用类型。该用地类型是在城镇内部采取集聚—分散混合型土地利用模式，提高城镇组团内部单块宗地、组团整体以及组团之间的土地的混合和集约程度，并注重在城镇过渡地带和城镇发展轴线区域预留生态空间和城镇生态景观的打造。该土地利用类型，旨在提高城镇中心城区土地的利用效率和构建城镇健康的生态格局。

具体实施：一是城镇规划引导。通过规划引导，实现城镇组团内部单块宗地、组团整体以及组团之间的土地的混合和集约程度，其模式主要通过旧城改造和土地置换实现。旧城改造以提高土地集约利用为目标，逐步带动周边市政设施和道路交通等改造，实现城镇土地的利用效率和城镇中心的更新；针对土地置换，其是以提高土地混合利用度为目的，通过置换实现宗地的多元化利用，从而提高土地的利用效率。二是科学的生态规划。充分利用自然生态屏障地带和过渡区域，在建设组团内及之间预留好生态空间用地，为城镇土地的生态安全开发利用提供约束。

适用范围：该用地类型主要适用于生态区城镇中心土地利用单一、功能滞后、城镇中心亟须更新或具有立体组团类型的城镇，例如开州区、云阳县等地形地貌较为特殊的区县。

实施效果：该用地类型通过提高土地利用混合度，对组团土地进行集中集约利用，对分散的生态空间进行预留，以打造生态景观，使集中与分散互为一体，实现集约与生态的双重目标，最终达到土地的经济效益、社会效益和生态效益的统一。

（4）散居集中土地利用类型。

设计理念：该用地类型针对不同区域农村居民点的实际情况，因地制宜，采取不同的或集中或分散的方式进行布局，使整个区域形成“大分散小集中”的格局。该方式以居民点相对集中、交通相对方便、生活相对富裕的村为中心，集中周围居民点分散的自然村而进行农村居民点整治。同时，对于耕作半径较远、地形地貌复杂的区域，则可采取分散的用地类型。

具体实施：政府充分发挥领导、协调和组织职能，科学规划并提供政策保障。在小范围内进行散户归并、迁村并居，在较大的范围内居民点仍然分散布置；对闲置宅基地进行复垦，新增耕地主要用于补充耕地，结合山区生态建设，推进山地农林综合开发。

适用范围：该用地适用于生态区区域地形条件较为复杂、经济较差的农村区域。该区中浅丘、深丘与山地均有分布，山高路陡，农村居民点分布散乱，农民居住地距离耕作农田较远，散村、散户的比例较大，农民生产不便，该区外出务工人员比例较大，人口异地城市化明显，抛荒耕地和闲置居民点数量较多，农业用地经营粗放，土地节约集约化水平较低，人均户均农村居民点用地面积超标现象突出。

实施效果：该土地类型的实施既可对分散、破旧的农村居民点进行整治集中，使农村的生产生活更为便利，又可从保护耕地的角度，适当分散，对分散的农村居民点进行整治，使人与环境和谐统一。

（5）城乡统筹型土地利用类型。

设计理念：对于城镇规模较小，且空间分布较为分散的农村集体建设用地，可以按照相关要求进行新农村集中居民点整体规划，建设农民新村，增加城镇集中建设用地，提高土地集约程度。

具体实施：农村集体建设用地整理应以农民宅基地和村集体建设用地为主，统一规划中心村，实施集中安置，通过空间置换实现的建设用地增量，用于补充耕地的同时可供城镇发展使用，保障城镇的快速发展，同时通过农村居民统一安置，采取多元化安置补偿方式，引导农村剩余劳动力的快速转移。

适用范围：该用地类型主要适用于生态区各区县土地综合整治。按照城乡统筹和乡村振兴的要求，优化居民点空间布局和规模，合理布局农业生产，促进城乡融合发展。

实施效果：在村庄归并过程中，该用地类型要求对土地进行统一的规划和整治，改变原有不合理的灌排系统、村庄布局和道路交通等，从而实现“宅基地归并集中、农业规模经营、农村持续发展”，达到改善农村生产生活条件，提高土地集约利用水平的目的。

（6）高山生态移民安置土地利用类型。

设计理念：该用地类型指的是从改善和保护生态环境、发展经济出发，把原来位于高山区域及环境脆弱地区高度分散的人口，通过移民的方式集中起来，形成新的村镇，在生态脆弱地区达到人口、资源、环境和经济社会的协调发展。

具体实施：一是做好安置规划。以各村镇土地利用总体规划、村镇规划为指导，合理规划布局，融入村镇体系，实现区域城乡一体化协调发展。主要规划内容要集中在生活设施、生产设施、公共服务设施、后续产业扶持、生态建设等方面。二是调整产业结构。农业等部门要加大特色产业资金投入，引导龙头企业，帮扶生态搬迁安置区打造优质蔬菜、标准果园、优质烟草、草本药材等特色效益产业，实现特色产业对搬迁户的全覆盖。三是优化用地政策环境。集中安置点原则上在乡镇土地利用总体规划确定的城乡建设用地范围内选址，并开展地质环境影响评估。高山生态移民搬迁安置点安置户原宅基地复垦形成的指标折抵后，确需新增建设用地的，优先安排农村建设用地指标。充分利用闲置和低效建设用地，实施农村建设用地复垦，开展城乡建设用地增减挂钩，完善耕地占补平衡机制，引导集体建设用地流转试点，通过新增建设用地和建设用地布局调整，盘活存量建设用地。

适用范围：该用地类型适用于整个生态区生态移民区域，特别是武陵山区、大巴山区等区域。搬迁对象主要为：一是居住在深山峡谷、高寒边远地区，生产极为不便、生存环境十分恶劣的。根据中央2013年新一轮扶贫开发中，对武陵山区、大巴山区等集中连片特殊困难地区及生态问题的重视，重庆市政府开始了新一轮的生态扶贫搬迁工作，计划将用五年时间再帮助五十万高山贫困群众搬迁，改善农民的生存发展环境。二是居住地属重要生态修复保护区，根据规划必须搬迁的。三是居住地的水、电、路、通信等基础条件难以完善，建设投资大且效益较差的。

实施效果：高山生态移民安置有利于打破生态环境制约，完善道路、水电等基础设施，改善边远山区居民的生产生活条件；有利于通过多种安置方式，培育主导产业，提高农业现代化水平，带动农户增收致富，改善生态区的生态环境；同时，通过生态搬迁实施拆旧复垦，利于增加用地指标，实现土地利用的节约集约。

（7）地票土地利用类型。

设计理念：地票土地利用类型是指将闲置的农村宅基地及其附属设施用地、乡镇企业用地、农村公共设施和农村公益事业用地等农村集体建设用地进行复垦，变成符合栽种农作物要求的耕地，经由土地管理部门严格验收后腾出的建设用地指标，由市国土房管部门发给等量面积建设用地指标凭证。

具体实施：重庆市地票制度自2008年实施以来，成效显著。但由于农村宅基地确权不充分、不到位，宅基地附属设施用地认定标准不统一、地票落地使用与增减挂钩部分指标重叠等客观原因的存在，使地票的作用没有完全发挥。因此，渝东南和渝东北要创新地票模式：一是因地制宜，扩大地票使用范围。生态区范围内城镇新增经营性建设用地需使用地票；生态区范围内农村的旅游休闲度假地产、经营性养生养老项目等经营性需使用地票。二是解决地票与增减挂钩指标的使用范围重叠问题。明确挂钩指标解决小城镇建设和乡村振兴中的非营利性的公共基础设施和社会事业用地，地票则用于针对新增的经营性建设用地和限制性项目用地等。三是引进农业企业参与复垦。根据自身的需求对复垦耕地进行设计与施工，使复垦耕地能满足其未来经营的需求，复垦形成的指标再进行相关后续交易，交易价款中需扣返企业的相应投入，从而在一定程度上减轻政府压力。四是探索“地票持票准入”政策。考虑在土地“招拍挂”时参与竞买的单位必须持有等量的地票，才能参与土地的竞买，以此来保证地票购买主体的公平性，刺激地票市场交易的积极性，同时又确保土地的最优利用，显化农村闲置建设用地的价值。

适用范围：该用地类型适用于生态区各区县。生态区是地票交易的重点区域之一，各区县要根据实际需求开展地票交易，盘活土地资产。

实施效果：该用地类型对于促进农村土地流转，盘活集体土地，推进乡村振兴中各类业态用地需求，推动城乡一体化，提高农民收入有着积极的作用。

13.3.2　产业转型导向性土地利用模式

该模式是从产业发展的角度出发，对区域产业土地进行统筹利用，即按照国家、重庆市、生态区区域发展整体战略安排，统筹安排各产业、各区域用地，使区域产业土地利用与区域产业发展、城市化、人口变化和资源环境容量相适应，促进区域合理分工和可持续发展。重庆市生态功能区发展战略指出，渝东北的发展定位是国家重点生态功能区和农产品主产区，长江流域重要生态屏障和长江上游特色经济走廊，长江三峡国际黄金旅游带和特色资源加工基地。渝东南的发展定位是国家重点生态功能区与重要生物多样性保护区，武陵山绿色经济发展高地、重要生态屏障、生态民俗文化旅游带和扶贫开发示范区，全市少数民族集聚区。因此，生态区土地利用要根据产业转型做出相应的变化，产业的主要土地利用类型为：生态型工业土地利用类型、生态农业综合发展型土地利用类型和生态旅游型土地利用类型。

（1）生态型工业园区土地利用类型。

设计理念：根据重庆市生态功能区发展战略，渝东北工业园区主导产业为建成长江上游特色经济走廊和特色资源加工基地、全国有影响力的绿色食品基地、西部纺织服装产业基地、长江上游重型装备产业基地。渝东南工业园区主导产业为建成武陵山区工业聚集区和绿色制造基地。因此，生态工业园区土地利用类型旨在实施生态产业集群，培育生态产业链，实现工业园区产业协同发展，提高土地合理利用水平和土地节约集约利用效率。

具体实施：一是科学规划。按照生态工业园区规划的原理，积极修改和提升现有园区土地规划，同时，在园区规划设计中提高土地使用的投入产出强度，设置合理的容积率、建筑密度及绿地率等。二是开展科学评价。根据工业园区的自然条件、水资源、土地利用状况、绿化环境等分析，对工业园区生态型土地适宜度和土地生态敏感性进行评价。三是适当降低园区门槛。在生态工业园区内设立中小企业园区，主要接收返乡创业、小型投资等企业。尝试降低入园标准，引入土地置换模式，探索县区级工业园区与不同乡镇共同分担土地指标、共同获取收益机制。

适用范围：该类型适用于生态区各区县工业园区的发展，例如万州国家级工业园区、云阳县工业园区、黔江区工业园区等。要结合各区县工业园区的发展定位，逐步改变工业园区产业发展方向，引入环保性产业，坚持发展与保护并重。

实施效果：该土地类型的实施不仅可以解决生态区保护与开发的矛盾，又可以使工业园区的土地更加集约利用；既注重了生态保护，又提高了当地的经济发展水平，达到土地效益、生态效益与经济效益的统一。

（2）生态农业综合发展型土地利用类型。

设计理念：生态农业综合发展型土地利用类型是根据当地的区位条件和土地资源的特点，充分考虑好农业生产与土地生态健康的关系，通过农业用地的规模化经营，构建出符合生态学上的高产、优质、高效的可持续农业生态系统，实现农业生产系统中污染物的低排放或“零排放”，达到农业生产发展、生态环境保护、资源的再生利用、农民增产增收、社会效益优良等综合效益的最大化。

具体实施：一是做好生态农业发展规划。渝东南和渝东北既要支持区域内农业产业同质规模化，又要体现特色差异化。大力发展柑橘种植、中药材、草食牲畜、茶叶，其他产业根据现有基础，突出个性，形成“一县一特”的产业发展规划。二是因地制宜推动农业发展。在城镇近郊，建立新型农业示范区，发展现代园艺、观光农业和农副产品加工业；在中低山区，建立优质农林特产资源综合开发区，开发经济林果、养殖和种植业，建成以畜牧业、经果业和中药材为主的名特产品开发区；在丘陵坝区，建立优质农产品的生产基地和加工区，发展旱作生态农业和建设高产优质粮、禽、果、蔬、菜和水产品生产基地。三是积极推动农用地流转的规模化经营。进一步完善农用地土地流转制度，积极引导农用地向农业大户集中，加强农业开发社会资本的融资力度。四是积极发展农产品加工业。在推动农产品加工业发展过程中，当地政府需要发挥积极引导的作用，大力发展订单农业、合同农业以及成立合作经济企业等形式，形成“企业—基地—农户”或者“企业—农村合作经济组织”的专业化、产业化运作的模式，以提高农民收入，增加农民进行农业生产的积极性。

适用范围：该土地利用类型适用于生态区各区县农业发展，主要集中于石柱县、梁平区等农业发展较好的区县。结合生态功能区发展定位，生态区各区县应根据自身特色，在保护生态环境的前提下，发展特色农业，促进农村经济发展。

实施效果：该土地利用类型的实施旨在构建农业生态系统和发展生态农业，增强土壤生产力，提高农业单产，减少土壤污染、水污染，保护生态环境；同时，有利于因地制宜提高经济效益、增加农民收入，有利于发展多种经营，促进产业结构的调整，实现农业生产可持续发展。

（3）生态旅游型土地利用类型。

设计理念：生态旅游型土地利用模式是在保护生态环境的前提下，合理利用土地，发展旅游产业，促进地方经济。生态旅游用地包括三类：一是生态旅游自然景观用地。是指生态旅游用地中的非建设用地，包括农林旅游用地、水域旅游用地和野外探险旅游用地，主要有耕地、林地、草地及水域水面等类型。二是生态旅游人文景观用地。是指生态旅游用地中的建设用地，包括科教文化旅游建设用地、休闲游憩旅游设施用地和历史文物古迹旅游用地，主要有博物馆、纪念馆、庙宇、教堂、特色古村落等类型。三是生态旅游服务设施用地。是指生态旅游用地中用来进行旅游接待和旅游服务的用地，一般是建设用地，包括旅游接待服务用地、旅游基础设施用地、旅游管理设施用地，主要有宾馆、饭店、购物场所、交通用地等类型，这是支撑生态旅游发展的用地类型。以上这三类旅游用地作为生态旅游发展的支撑，可以处理好旅游用地环境保护和节约集约利用。

具体实施：一是做好旅游大规划。编制旅游发展总体规划，科学引领渝东北、渝东南“大旅游经济”发展，各区县既要形成各自生态旅游特色，保证生态旅游用地，又要形成旅游联动、资源共享的机制，在旅游用地安排可考虑区域或跨区域的“旅游园区”模式，既可以节约用地，也可以促进区域旅游资源的协同开发。二是旅游用地大融合。积极探讨休闲、度假、探险等户外旅游与林地、园地的融合，支持乡村旅游与农村建设用地的融合，合理引导旅游地产在生态区的发展，加大现代农业旅游的旅游设施用地支持。

适用范围：该模式适用于生态区生态旅游资源丰富的区县，例如酉阳县、石柱县、武隆区、万州区、奉节县等。

实施效果：该模式符合生态区功能定位和发展方向，既立足渝东北、渝东南的自然条件、资源禀赋、发展现状和发展潜力，又与都市区优势互补、错位竞争，有利于形成区域间差异化发展、协调发展、可持续发展的大格局。

13.3.3 生态保护导向性土地利用模式

该模式指的是在当前生态环境的背景下，充分考虑生态区的功能定位，根据特定区域环境特征，遵循土地生态伦理的基本行为规范准则，以土地持续利用为目标，以不破坏土地生态系统为前提，以优化土地资源空间配置、恢复或完善土地生态系统为主要内容，达到改善土地利用条件、实现生态环境保护和土地生态健康发展的土地利用方式。其主要类型包括：生态建设土地利用类型、耕地生态保护土地利用类型、林地生态保护土地利用类型、水域生态保护土地利用类型及林—牧—种生态涵养土地利用类型。

（1）生态建设用地土地利用类型。

设计理念：以生态保护、环境治理与生态恢复为主要功能的用地类型，主要包括山地森林、自然景观旅游区、大面积水域（水库、湖泊、鱼塘等）、水源保护区，以及农田、林带及城镇绿化隔离带。该区域生态系统较为脆弱，抵御自然和人为因素影响能力较弱，同时要面临城镇化的空间拓展，因而这部分生态建设用地重在提高生态功能、构建健康的生态系统，对于面上保护、有效实施点上开发起着至关重要的作用。

具体实施：对于山地森林景观和自然保护区，要坚持合理开发和低影响利用，结合经济效益和生态效益相协调，把握好两者的关系；加强对水体的保护，防止水的污染和水生生态系统的退化；发展立体生态农业，对于地形坡度相对较大的区域，可以进行退耕还林、退耕还园等措施，同时大力发展果业和蚕桑业等经济种植业。25 度以上的耕地和坡耕地区域，可以实施退耕还林，提高植被覆盖率，与此同时，加强水利实施的投入和建设，减少水土流失；要大力建设城镇绿化体系，保留绿色空间。

（2）耕地生态保护土地利用类型。

设计理念：结合生态区耕地现状，在明确耕地保护的内涵以及分析城乡统筹与耕地保护的矛盾的基础上，紧紧围绕保护现有耕地质量、拓展新增耕地来源数量、提高新增耕地质量、市域统筹建设用地指标、保护区域生态环境等方面，提出基于城乡统筹的耕地生态保护土地类型。

具体实施：一是优化和提升耕地生态功能。防止农业发展和城市化造成的耕地污染，恢复耕地生态功能，积极发展有机农业和生态农业；在耕地转化为建设用地的过程中，实施移土培肥工程，剥离建设占用并具备实施条件的耕地耕作层，加覆到一定距离内的耕地表面，增加土壤有机质含量，有效提高转移地耕地质量和生态功能。二是生态型耕地保护。在保证原有耕地肥力不变、灌溉条件不降低以及耕作层等条件不被破坏的情况下，选取其他拥有较高生态系统服务功能价值的类型。耕地布局与城市生态优化紧密结合，将耕地作为重要的生态结点与生态走廊；强化基本农田的生态、景观和间隔等综合功能，作为城市中的“绿心、绿带”，使生态建设与基本农田保护有机统一。三是新增耕地。在农民自愿、有偿退出宅基地前提下，按照“宜农则农、宜林则林、宜耕则耕”的原则，农民退出宅基地优先考虑复垦为耕地，最大限度地拓展新增耕地来源。四是市场化耕地配置。仿照国有建设用地市场化配置形式，积极开展国有耕地的市场化运作，通过招、拍、挂等土地出让形式来选择经营管理主体，促进耕地的高效利用和规模化经营。

（3）林地生态保护土地利用类型。

设计理念：以生态功能区区域划分和《重庆市林地保护利用规划（2010－2020 年）》为依据，按照不同类型、生态区位和保护等级，推进林地的差别化管理，开展林地保护。

具体实施：一是实行林地分级管理。对Ⅰ级林地实行全面封禁保护，禁止生产性经营活动，禁止改变林地用途；对Ⅱ级林地实施局部封禁管护，鼓励和引导抚育性管理，禁止商业性采伐，除必需的工程建设占用外，不得以其他任何方式改变林地用途；对Ⅲ级林地严格控制征占用森林，适度保障能源、交通、水利等基础设施和城乡建设用地，从严控制商业性经营设施建设用地，限制勘查、开采矿藏和其他项目用地。二是开展重点区域管制。对渝东北、渝东南的全部公益林从严控制各类开发建设活动。三是建立保护发展森林资源任期目标责任制。将林业生态保护红线指标列入区县综合目标责任制考核内容，建立更加科学合理的差别化绩效考评体系，分区域确定林业生态保护红线考核分值，适当增加林业生态保护红线考核权重，用考核导向推动经济发展与生态环境保护双赢。

（4）水域生态保护土地利用类型。

设计理念：结合生态区发展定位和重庆市生态环境规划，重点在水环境安全、水源涵养、生态修复、河流整治等方面，开展水域保护。

具体实施：一是编制水域控制性详细规划，实施水域保护规划。实施水域保护规划，确定区域基本水面率、水域总体布局、划定水域保护等级、确定水域及其保护范围、提出水域保护等措施对促进水域管理、加强水域保护起到了积极的推动作用。二是建立水域综合管理信息系统。建立水域综合管理信息系统，及时掌握水域变动情况。三是开展面水污染防治与水利设施改建修复，减少固体废弃物和工业污水排放量，最大限度减少生活垃圾，提高城市污水收集处理率；加强入河排污口的监督管理。四是加强水土流失综合治理。实施水土保持沿城、沿库、沿江、沿路“四沿”战略，以现有坡耕地和荒山荒坡为重点治理对象，以小流域为单元，以坡改梯、水保林、经果林为重点措施，实行坡面治理与溪沟治理相结合，工程措施、植物措施与保土耕作措施相结合的山、水、林、湖、田、草、路综合治理。五是大力加强次级河流的综合治理。将河流水质是否达标、生态系统功能是否恢复作为治理的考核目标，依据区域的特点和功能以及污染程度，采取不同措施，运用河道整治、截流治污、生态修复等方式进行综合整治。

（5）林—牧—种生态涵养土地利用类型。

设计理念：该土地类型指的是在生态区土地利用过程中，要在兼顾保证粮食安全前提下，发展林—牧—种结合的生态型产业，充分保障生态系统的多样性与稳定性，达到林—牧—种生态涵养的土地利用模式。

具体实施：根据当地农业的特点发展反季节蔬菜、烟叶等经济作物，增加农民收入。对于坡度较大的坡耕地、坡地实行退耕还林，积极发展竹木、蚕桑、果树等经济林。对于现有草地不要过度放牧，合理利用才能保持草地的可持续发展和利用，在条件成熟区域进行荒地的改造和林下草地的种植，最大限度增加草地面积，大力发展畜牧业的同时增加其加工业的投入。该类地区在国土开发和利用中，需要注意适当降低对土地利用的强度，还需要控制城镇的过度扩张和工业用地，特别是对于生态较为脆弱的区域，建议实行生态搬迁移民政策，最大限度地降低人类活动对生态环境的破坏和影响，重在通过林—牧—种的适度经营，建立生态涵养型的土地利用模式，促进生态系统修复和良性循环。

第14章 “面上保护与点上开发”用地管控与长效机制

基于生态区的特殊定位和区域发展要求，针对生态区用地存在的问题与用地模式的转变，需要生态区在用地模式管控和长效机制上做出响应。

14.1 建立市级统筹区县协商的相对独立的用地组织机制

（1）建立市级生态区域用地组织协调机构。由规划和自然资源局牵头，联合市建设部门、发改委、旅游局等部门组建，分管市长担任组长，着重探讨、协商、制定推动生态区保护和发展的重大用地制度、规范与措施等。

（2）建立区县级层面的用地组织协调机构。以规划和自然资源局牵头，多部门参与，协商、探讨、制定本区域范围内土地政策和制度，切实落实市级协调机构所做出的用地政策和决议。建立生态区土地协会，在已有的市土地协会基础上组建区域土地协会，调查和研究区域用地发展状况并向市级管理部门提出建议。

（3）建立区县级和市级部门联席会议制度。及时会商生态区用地中的重大问题，提出建议并呈报上级管理部门；建立用地公示监督机制，接受社会各界对土地利用的监督。

14.2 构建多规合一、负面清单、手段多元的用地管控机制

（1）建立生态区点上开发的负面清单。依据生态区经济、社会功能定

位，建立区域各类型点上开发的负面清单，设置各类用地的最低进入门槛和退出机制。

（2）实施“多规合一”，确定土地利用规划的总领作用。建立以土地利用规划为主、其他规划为辅的生态区规划体系，使土地管理部门依据多规融合的一张图进行土地调控，逐渐向国土规划体系过渡。

（3）研究和调整适应生态区的用地控制标准。由于新的生态功能定位和国家对生态文明建设的日益重视，原有的产业用地控制标准和生态用地标准已不能适应生态区新的发展需求。生态区需要从点面结合上重新进行各类用地标准控制的新探索。例如对旅游园区用地、中小企业园区用地、城镇高集约扩展和低集约扩展用地、混合用地、现代农业综合用地等控制标准进行重新调整制定。

（4）采取多元管控手段，保障用地模式实现。经济上，建立生态区生态产业用地扶持基金；技术上，依托卫片和航片，实地考察监督各类用地状况；政策法规上，制定适合于生态区的各类用地指导政策；行政上，强化用地管控的领导责任制，提高地方干部考核中的生态指标权重。

14.3 构建生态区用地灵活多样的政策与制度保障机制

（1）设立耕地和生态用地专项保护基金。基金的资金来源可以从城镇国有土地出让金、耕地复垦费、耕地占用税费、退耕还林经费等列支。前者主要用于对种粮大户、大型粮食龙头企业进行粮食补贴扶持，减少耕地撂荒和闲置；后者主要对林地、水域、自然保护区等生态化利用进行激励扶持。

（2）出台用地财政和金融支持政策。在明晰土地权属的基础上，允许以土地产权做担保，进行用地融资贷款；利用互联网众筹，进行产业用地融资；发行生态区地方债券，支持区域经济社会发展。

（3）实施差异化供地政策和工业用地的弹性供给或年租制。针对生态旅游用地、立体林地用地、散居集中农村建设用地、盘活存量用地等模式，需要在用地指标下放、考核激励上给予优先考虑；推行工业用地的分阶段分时期出让供应（依据具体产业的用地需求，可以签订10～20年的租约，收取租金的形式可以多样化，建议按年支付，保证租金不低于市场最低保护价，同时严格按照“招拍挂”方式进行出让）；中小企业用地的年租制度，可以有效破解发展资金短缺问题。

探索土地税费制度创新。选择个别区县，试点推行土地资源税，构建完备的土地占有、使用、流转税费制度，从根本上改变地方政府对“卖地财政”的过度依赖。

（4）创新农地征收制度。明确征地的公共利益需要边界，在不违反国家土地政策的基础上，给予农村集体经济组织较大的用地自主权（决策权、议价权、处置权等），尤其是对于产业经济发展较好的集体经济组织，要努力实现城乡土地的同地、同价、同权。

（5）创新集体建设用地流转制度。借鉴建立集体建设用地年租制度，尤其是对于返乡农民工创业用地和中小企业用地；继续完善地票模式，允许复垦为耕地的建设用地冲抵区域耕地考核指标；探索城镇郊区和城镇规划区内的农村宅基地上市流转，增加农民财产性收入；大力推动部分农村教育、医疗卫生、行政办公等公用事业闲置地集中置换、复垦等利用方式。

14.4 建立多方参与、激约并举、监控相宜的用地运行机制

（1）加强用地宣传，树立良好的用地观念。通过发放宣传单、创办宣传专栏、制作宣传横幅、召开专题会议，利用电视网络、手机短信等宣传媒介，以及进行全国土地日集中宣传和日常土地违法案例曝光等形式，广泛宣传集约用地、保护耕地的重大意义，培育全民集约节约用地意识。

（2）搭建公益性用地和经营性用地运行平台。明晰公益性用地和经营性用地边界，建立公益性用地管控中心，负责该类用地储备和供应；采取市场化方式，建立经营性用地储备、交易平台——土地经营公司，具体承担具有经营性质土地的经济运作，例如，以土地作为抵押的贷款，在债券市场由银行进行土地债券的代发。

（3）完善和提高用地管控和运行的市场机制。在土地储备、整理和复垦、供应、交易和监督等土地管理环节引入市场机制，降低政府管理土地成本，提高社会监管效率。在土地出让一级市场上还需要进行经营性用地市场化运作；农村土地市场上需要进行宅基地、公用事业用地的市场化尝试；土

地整理和复垦上，需要引入监督和检查的市场因素，例如土地质量标准和生态环境保护的市场监督机制。

（4）建立政府和用地单位双向激励和约束机制。政府层面，需要在土地储备、供应、交易、审批、监督等环节建立土地保护及利用的行政首长负责制、节约集约用地考核激励和约束制，将节约集约利用纳入生态区各级政府年度目标考核和党政领导班子考核体系。用地单位层面，需要建立完善的用地准入机制、考评机制、奖励机制、约束机制、退出机制。制定适合生态区的各类用地准入和考评标准，规范公平的准入和考评形式。建立集约节约用地的奖励和约束标准、机制，划定用地退出条件和标准，实施有序退出机制。

（5）建立多层次用地监督机制。政府、土地协会、第三方机构等采取多样化、多形式的用地举报、投诉、情况汇报等，构建立体的土地监督网络。

（6）建立用地运行反馈机制。依托生态区的各类用地控制标准，采取日常检查、问题调研、课题研究等形式，及时发现各类用地存在的问题，在过程上进行管控，通过群众举报、年度考核、座谈调研总结、航片监督等形式及时反馈用地新情况。

14.5　建立公平合理的生态区用地的利益与空间协同机制

（1）建立公平合理的利益调节机制。首先，及时足额兑现区域外对生态区的生态补偿。建立生态补偿的点对点实现机制，确保国家和市级生态补偿足额及时地落实到生态区利益受损的单位及个人。其次，协调生态区域内生产、生活、生态三类用地主体之间的生态补偿，合理划分补偿标准、确立补偿经费筹集渠道、规范化的补偿渠道和方式。最后，城乡之间的用地利益调节，尤其是农地征收补偿、建设用地上市后对农村集体利益的补偿等。

（2）推进点面空间协同混合用地形式。生态区生态用地需要优先保障，但区域生产生活也需要发展。尝试进行各类混合用地形式，实现开发和保护有机统一，例如，居住用地与生态用地结合，工业用地和湿地结合，林地和旅游用地结合等。

（3）推进生态区内各行政单元之间的空间协同用地形式。生态区各行政区资源禀赋、地理区位和发展基础各有差异，因此，在其各自的发展定位上也有较大不同。但在国家和重庆的生态屏障保护建设和脱贫致富上，各区县却面临相同的要求。因此，各区县需要具有大局意识，打破行政区界限，在地区利益分配、基础设施建设、移民搬迁、生态保护上进行协同推进，降低重复用地和低效用地，例如，共建生态区物流中心、农副产品交易中心，推进生态休闲用地连片集中化管理。

参考文献

[1] 迟超月. 基于主体功能区的县域土地利用分区及模式选择——以贵州省大方县34个乡镇为例 [J]. 2014 (6): 88-92.

[2] 陈佳. 重庆市生态功能区经济差异及协调发展研究 [J]. 重庆理工大学学报（社会科学), 2016 (6): 39-44.

[3] 重庆市环境保护局. 重庆市重点生态功能区保护和建设规划(2011—2030年) [Z]. 2011.

[4] 崔如波. 建立渝东北生态补偿长效机制 [J]. 重庆行政（公共论坛), 2013 (5): 30-33.

[5] 崔如波. 建立渝东北生态补偿机制长效机制 [J]. 重庆行政, 2013 (10): 21-23.

[6] 曹顺爱, 冯科, 等. 经济发达地区土地利用生态服务价值评价研究——以广州市为例 [J]. 资源开发与市场, 2009, 22 (6): 510-512.

[7] 崔胜军. 土地利用规划对生态环境的影响 [J]. 知识经济, 2010 (10): 30-33.

[8] 陈志刚, 黄贤金, 等. 集体建设用地使用权流转的制度创新经验——宜兴的个案研究 [J]. 城市发展研究, 2012 (10): 21-25.

[9] 但承龙. 土地可持续利用规划理论与方法 [M]. 北京: 经济管理出版社, 2005: 4-27.

[10] 店永红. 土地利用与生态环境建设 [J]. 河南建材, 2012 (2): 28-32.

[11] 傅伯杰. 景观生态学的发展对土地生态学发展的启示 [C]. 中国科学技术协会学会学术部. 新观点新学说学术沙龙文集中国科学技术协会学会学术部, 2008: 10-13.

[12] 冯桂. 重庆地票制度的价值及其对城乡一体化改革的启示 [J]. 国家行政学院学报, 2014 (1): 81-86.

[13] 樊杰．地域功能——结构的空间组织途径——对国土空间规划实施主体功能区战略的讨论［J］．地理研究，2019，38（10）：2373－2387.

[14] 付梦娣，妙旭华，等．庆阳市土地利用变化的景观生态效应研究［J］．水土保持研究，2014，21（6）：30－35.

[15] 高定刚，冯维波．城乡统筹背景下山区土地流转问题探析——以渝东南地区为例［J］．粮食科技与经济，2011，36（5）：12－13.

[16] 国务院印发《全国主体功能区规划》［J］．资源与人居环境，2011（7）：27.

[17] 张建，王珊珊．我国小城镇土地集约利用与优化研究综述［J］．小城镇建设，2014（3）：34－37.

[18] 郭旭东，傅伯杰，等．低山丘陵区土地利用方式对土壤质量的影响［J］．地理学报，2001，56（4）：447－455.

[19] 郭旭东，谢俊奇．新时代中国土地生态学发展的思考［J］．中国土地科学，2018，32（12）：1－6.

[20] 高志强，刘纪远，等．中国土地资源生态环境质量状况分析［J］．自然资源学报，1999（1）：94－97.

[21] 郭志仪，隆宗佐．对我国城市土地低效利用的经济学反思［J］．学术论坛，2008（3）：125－128.

[22] 洪惠坤，廖和平，等．基于改进TOPSIS方法的三峡库区生态敏感区土地利用系统健康评价［J］．生态学报，2015，(24)：8016－8027.

[23] 环境保护部，中国科学院．全国生态功能区划［Z］．2008.

[24] 黄金川，方创琳，等．三峡库区城市化与生态环境耦合关系定量辨识［J］．长江流域资源与环境，2004（2）：153－158.

[25] 黄伟．美国现代土地利用规划的发展及其启示［J］．中国土地科学，2002，12（6）：40－60.

[26] 黄小芳．GIS在城市土地利用生态适宜性评价中的应用——以上海市浦东新区为例［J］．科学技术与工程，2011，11（31）：7841－7846.

[27] 蒋大林．生态保护红线及其划定关键问题浅析［J］．资源科学，2015（9）：1755－1763.

[28] 姜锋，邓正琦．渝东南工业园区发展现状及解决路径［J］．重庆师范大学学报，2014（6）：43－48.

[29] 金慧芳．三峡库区面向水土保持的土地利用模式［J］．中国水土保

持，2011（11）：36－38.

［30］孔令仙．我国新型城镇化建设中土地利用存在的问题及对策［J］．渤海大学学报，2015（1）：69－73.

［31］李边疆，王万茂．区域土地利用与生态环境耦合关系的系统分析［J］．干旱区地理，2008，31（1）：141－148.

［32］李斌，石永明，等．重点生态功能区"点上开发、面上保护"土地利用模式探讨［J］．重庆工商大学学报（社会科学版），2019（1）：49－53.

［33］刘杰．生态旅游用地分类体系研究［J］．中国土地科学，2013（9）：71－77.

［34］李晶，许坚．土地生态学——生态文明的机遇与挑战——中国科协第18期新观点新学说学术沙龙综述［J］．中国土地科学，2008（7）：75－77.

［35］刘黎明，林培．黄土高原持续土地利用研究［J］．资源科学，1998（1）：56－63.

［36］陆丽珍，詹远增，等．基于土地利用空间格局的区域生态系统健康评价——以舟山岛为例［J］．生态学报，2010，30（1）：245－252.

［37］骆仕金．建设渝东北现代林业经济之我见［J］．林业科学，2015，35（11）：86－89.

［38］刘绍星．关于建设渝东北的对策思考［J］．新重庆，2014（8）：34－35.

［39］刘桐安．吉林省德惠市林地保护与利用问题研究［J］．西北林学院学报，2009（6）：208－211.

［40］李王虎．重庆市渝东南土地生态利用评价分析［J］．国土与自然资源研究，2015（6）：40－42.

［41］刘新平，严金明，等．中国城镇低效用地再开发的现实困境与理性选择［J］．中国土地科学，2015，29（1）：48－54.

［42］刘耀彬，李仁东，等．中国区域城市化与生态环境耦合的关联分析［J］．地理学报，2005（2）：237－247.

［43］刘彦随．山地农业资源的时空性与持续利用研究［J］．长江流域资源与环境，1999，8（4）：411－417.

［44］刘云．香格里拉生态旅游环境友好型土地利用模式研究［J］．广东

土地科学，2013（2）：27－31.

［45］莫宏伟．基于 GIS 的关中地区土地利用变化及土地生态安全动态研究［J］．地理学报，2010.

［46］蒙吉军，申文明，吴秀芹．基于 RS/GIS 的三峡库区景观生态综合评价［J］．北京大学学报自然科学版，2005（2）：295－302.

［47］彭冲．新型城镇化对城镇土地集约利用的影响研究［D］．长沙：湖南大学，2015.

［48］邱道持．论农村土地流转［M］．重庆：西南师范大学出版社，2009：236－309.

［49］孙德亮，张凤太．基于 DPSIR－灰色关联模型的重庆市土地生态安全评价［J］．水土保持通报，2016（5）：191－197.

［50］邵田，张浩，等．三峡库区（重庆段）生态系统健康评价［J］．环境科学研究，2008（2）：99－104.

［51］谭峻．重庆市土地合理利用综合评价探讨［J］．测绘与空间地理信息，2014（11）：18－22.

［52］王芳芳，等．集约用地理论模式探析［J］．中国土地学，2015（1）：41－45.

［53］吴郭泉，王文娜，等．基于生态理念的旅游用地分类研究福建林业科技［J］．2008（9）：226－231.

［54］王兰霞，李巍，等．哈尔滨市土地利用与生态环境物元评价［J］．地理研究，2009，28（4）：1001－1010 .

［55］王倩．主体功能区绩效评价研究［J］．经济纵横，2007（13）：21－23.

［56］王茹，孟雪．主体功能区绩效评价的原则和指标体系［J］．福建论坛人文社会科学版，2012（9）：40－45.

［57］魏心镇．国土规划的理论与方法［J］．地理科学，1985（3）：193－200.

［58］吴义茂．建设用地挂钩指标交易的困境与规划建设用地流转——以重庆“地票”交易为例［J］．中国土地科学，2010（9）：25－29.

［59］王业侨．海南省经济社会发展与土地利用相关分析［J］．地域研究与开发，2006（3）：81－84.

［60］王志国．关于构建中部地区国家主体功能区绩效分类考核体系的

设想［J］. 江西社会科学，2012（7）：65－67.

［61］谢俊奇. 土地生态学的基础理论与前沿［C］. 中国土地学会2003年学术年会论文集，中国土地学会，2003：25－28.

［62］熊秋兰，赵雪梅，等. 城镇低效用地再开发问题及对策分析［J］. 城市地理，2015（9）：8－49.

［63］肖秀春. 土地利用模式对辽东河流生态水文影响研究［J］. 水土保持应用技术，2017（1）：42－44.

［64］徐霞，等. 内蒙中部地区不同生态区土地利用格局分布特征［J］. 地理科学进展，2005（3）：26－30.

［65］杨国胜. 重庆市三峡库区城镇化与生态协调性评价探讨［J］. 农业现代化研究，2007（4）：454－456.

［66］杨凯，曾永年，等. 湘西山区土地利用变化及其生态环境效应研究：以张家界市永定区为例［J］. 水土保持通报，2007，27（6）：178－183 .

［67］叶磊，马学广. 转型时期城市土地再开发的协同治理机制研究述评［J］. 规划师，2010（10）：103－107.

［68］杨培峰. 恢复生态学视角下生态脆弱地区的城镇化问题思考——以重庆三峡库区为例［J］. 山地学报，2010（2）：183－190.

［69］于思成. 重庆城市形态演变研究［D］. 重庆：重庆大学，2014.

［70］杨子生，刘彦随，等. 建立我国生态友好型土地利用战略的探讨［J］. 资源科学，2007（6）：120－127.

［71］周刚，晏涵. 土地利用和生态环境建设的研究进展［J］. 湖南农业大学学报（自然科学版），2010，36（1）：24－26.

［72］张洪，李中元. 基于生态安全的山地城镇土地可持续利用模式研究——以云南大理市为例［J］. 地理研究，2019（11）：2681－2694.

［73］张磊，吴炳方，等. 三峡工程建设前后库区城镇发展与环境变化［J］. 长江流域资源与环境，2011（3）：317－324.

［74］赵涛. 基于GIS的城市土地优化配置研究——以济南市为例［D］. 济南：山东师范大学，2001.

［75］赵雨果，涂建军. 三峡库区消落带土地利用系统结构合理性分析——以重庆开县消落带为例［J］. 云南师范大学学报（哲学社会科学版），2012（2）：45－51.

[76] Cifaldi R L, David Allan J, Duh J D, et al. Spatial patterns in land cover of exurbanizing watershedsin southeastern Michigan. Landscape and Urban Planning, 2004, 66 (2): 107 - 123.

[77] Sullivan A, Ternan J L, Williams A G. Land use changeand hydrolog ical response Camel catchment, Cornwall [J] . Applied Geography, 2004, 24 (2): 119 - 137.

[78] Woomer P L, Tieszen L L , Tappan G, et al . Land use chang e and ter restrial car bo n stocks in Senegal [J] . Journalof Arid Environments, 2004, 59 (3): 625 - 642.